KB074879

철학의 쓸모

호리코시 요스케 지음
이혜윤 옮김

철학의 쓸모

고정 관념을 깨는 —— '철학 사고' 사용법

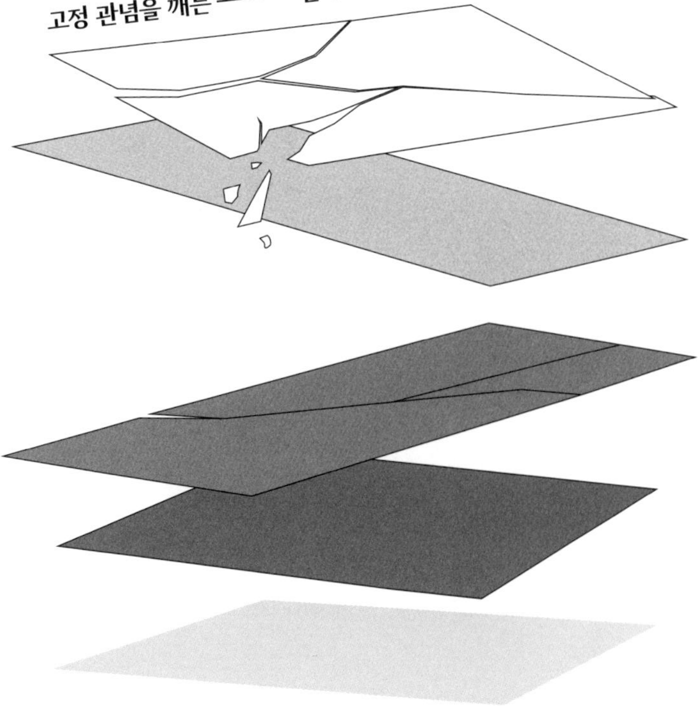

RHK
알에이치코리아

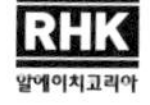

머리말

간단한 문제를 하나 내보겠다.

여기에 당신이 꾸고 싶은 꿈은 뭐든지 꾸게 만들어 주는 기계가 있다. 당신의 두뇌에 이 기계를 연결하면 기계가 만들어내는 꿈과 현실을 맞바꾸게 된다. 꿈속에서는 호화로운 저택에 살거나 평생 놀고먹을 수 있고, 이제까지와 다를 바 없이 가족이나 친구들과 지내는 일도 가능하다.

이 기계는 전기로 사람의 뇌를 자극하거나 쾌락 물질을 발산하여 현실과 완전히 똑같은 경험과 행복을 만들어 내는 기능이 있다. 오작동도 절대 없으며 평생 행복한 꿈만 꾸게 해준다. 그곳에서는 더 이상 현실과 꿈을 구별할 수 없다.

이런 상황이 주어진다면, 당신은 남은 인생을 이 기계에 연결된 채로 살겠는가?

당신은 지금 이 문제를 어떻게 생각하는가?

혹시 "그 기계 꼭 한번 써 보고 싶네.", "나는 안 쓸래." 하고 문제에 대한 '답'부터 하려고 했을 수도 있다. 그랬다면 약간 성급했을지도 모른다.

우리는 인생을 살면서 늘 여러 가지 망설임과 고민에 직면한다. 그럴 때 직접적인 답부터 찾기보다는 어떤 질문을 하는지가 문제 해결의 열쇠가 된다.

직접 답을 구하는 것이 아니라 질문을 통해 간접적으로 문제에 접근하는 방법.

이것이야말로 이 책에서 말하고자 하는 '철학 사고'다.

질문이 무슨 의미가 있을까? 그저 시간 낭비이지 않을까? 하지만 알고 보면 그렇지 않다.

만약 이 문제에 대한 정확한 답을 구하려 한다면, 이제부터 예로 들 질문들을 몇 번이고 던져서 하나하나 곱씹어 생각하며 먼 길을 돌아가야만 한다.

그렇다면 애초에 '질문하는 방법'을 다르게 바꾸어야 할 지도 모르겠다.

당신은 이 문제에 대해서 어떤 질문을 만들어 보겠는가?

행복이란 단순히 뇌가 느끼는 쾌락일까? 행복을 그저 전기 신호와 화학 물질의 작용으로만 보아도 될까? 그렇지 않다면 도대체 행복이란 무엇일까?

하고 싶은 일만 해도 되는 상황이 정말 바람직하다고 말할 수 있을까? 하기 싫은 일을 전혀 하지 않아도 되는 삶을 풍요롭다 여긴다면, 그 이유는 무엇일까? 내가 원하는 대로만 행동해 주는 친구를 진정한 친구라 할 수 있을까?

현실과 비현실(꿈)은 정말 구별할 수 있을까? 만약 구별할 수 있다면 어떤 기준으로 나뉠까?

지금 우리가 이 기계에 연결되어 꿈속에서 살고 있지 않다고 어떻게 단언할 수 있을까? 무엇이 확실한 현실이고 틀림없는 사실인지 어떻게 증명할 수 있을까?

선택의 여지없이 기계에 연결되는 것과 자기 의지로 연결하는 것은 어떻게 다를까? 기계를 거부한 사람이 있다면, 그 사람은 현실의 일과 생활에 만족하기 때문일까?

우리가 존재한다는 것은 어떤 의미일까? 몸과 정신 중에서 어떤 것이 본질일까? 정신만 있고 몸이 없어도 '나는 나'라고 말할 수 있을까? 몸만 있고 정신이 없다면 어떨까?

우리는 무엇을 위해 사는 걸까? 기계 속 인생에도 현실의 인생과 같은 가치가 있다고 할 수 있을까? 같지 않다면 그 이유는 무엇일까?

이 문제는 로버트 노직Robert Nozick이라는 철학자의 '경험기계'라는 이야기를 응용한 사고 실험이다. 사고 실험이란 어떤 상황을 가정해서 무언가의 핵심적인 본질에 파고드는 '스토리'로, 철학에서 자주 활용하는 편리한 방법이다.

가상의 상황이기는 하지만 이 사고 실험이 단순한 공상은 아니다.

왜냐하면 사고 실험으로부터 '행복이란 무엇인가?', '현실과 사실은 무엇인가?', '자신이 정말 추구하는 것은 무엇인가?', '바른 선택이란 무엇인가?', '친구란 무엇인가?', '지금 하는 일과 생활을 지속해야 하는가?', '나는 누구인가?', '인생은 어떻게 살아야 하는가?' 등 우리 삶에 중요한 것들을 생각할 기회가 되기 때문이다.

이들은 말하자면 '구글에 검색해도 답이 나오지 않는 질문'들이다.

검색해서 답이 나온다면 그냥 검색하면 된다. 하지만 살면서 직면하는 고뇌와 번민은 검색해서 답이 나오는 경우가 압도적으로 적을 것이다.

나를 위한 답을 찾자

- 요즘 인간관계가 영 풀리지 않는다.
- 직장에서 성과를 내려면 어떻게 해야 할까.
- 하고 싶은 일이 무엇인지 모르겠다.
- 지금처럼 계속 살아도 되는 걸까.

이렇게 삶에 고민거리가 생겼을 때, 당신이라면 어떻게 대처하겠는가? 친구에게 상담을 받거나 자기계발서를 읽기도 하고, 인터넷이나 방송을 보면서 해결책을 찾아볼지도 모른다.

물론 누군가가 답을 알려줄 수만 있다면 그것만큼 손쉬운 일도 없을 것이다. 하지만 그것은 어디까지나 '남의 생각'에 지나지 않는다. 우리는 이러한 버릇 자체를 떨쳐낼 필요가 있다. 남들이 사는 환경에서 우연히 잘 풀린 일, 남들이 자기 환경에 맞추어 한 생각이 나에게도 맞아떨어진다는 보장이 없기 때문이다.

단순히 지식을 전달하거나 손쉬운 문제를 해결하는 정도라면 괜찮다. 하지만 삶과 직결되는 중대한 문제라면 상황은 달라진다. 중대한 문제를 생각하기 위해서는 자기만의 언어로 자신이 겪은 경험을 자신이 처한 환경에서 판단하고 말해야 하며, 시간이 흐름에 따라 자기 생각을 바꾸어 나갈 필요도 있다. 이것이 철학 사고에서 지향하는 목표다.

그래서 이 책에는 철학자들의 이름이나 어려운 철학 용어는 거의 나오지 않는다. 철학자의 명언과 지식은 헤아릴 수 없이 뛰어난 지혜의 결정체다. 하지만 그것들은 어디까지나 우리가 자기 힘으로 생각하기 위한 도구일 뿐이다.

배운 지식을 살려서 우리만의 답을 찾기 위해서는 '생각하는 힘'이 가장 중요하다. 이 책에서 전하는 철학 사고는 바로 그 힘을 얻는 방법이다.

철학 사고를 한 번 내 것으로 만들면 평생 가는 기술이 된다. 당장 눈앞의 문제에 대처하기 급급한 일시적인 지식과 해법이 아니기 때문이다. 철학 사고란 어떤 의미에서는 '인생 사는 법'이라고도 말할 수 있다. 쉽게 머리에서 사라지고 마는 지식과는 다르다.

'질문'에 익숙하지 않은 우리

철학 사고는 질문을 거듭함에 따라 더욱 깊어진다. 그러나 우리는 질문하는 방법보다 답을 내는 방법만 배우며 살아왔다. 그러니 앞서 언급한 문제와 마주했을 때, 직접적인 정답을 먼저 찾으려 드는 것도 무리는 아니다.

그래서 이 책의 3장에서 '질문하고 생각하다'라는 지극히 당연한 힘을 되찾을 방법을 알려줄 예정이다. 하지만 이 설명만으로는 조금 부족하게 느껴질지도 모른다.

그래서 결국 철학 사고란 어떤 것을 하는 행위일까?

철학 사고에서는 최종적으로 자기 자신만의 축 만들기를 목표로 한다. 이를테면 자기 머릿속이나 이 세상에서 당연하다고 여겨지는 생각을 의심하고, 자기 나름대로 재구축하는 것이다.

'분위기를 파악해야 한다'라는 상식의 무의미함을 깨닫고 그 틀에서 빠져나오는 것.

'부모라면 이래야 한다'라는 고정 관념에서 벗어나서 자녀를 대하는 태도를 바꾸는 것.

일의 진정한 의미를 생각한 후 '일이 그저 돈만 벌기 위한 것은 아니다'라고 생각을 바꾸면 삶이 달라지는 것.

이렇게 생각을 재구축하는 일에는 한 사람의 사고방식뿐만 아니라 생활까지도 바꾸는 힘이 있다.

단순함을 추구하는 것의 함정

"과연 내가 그런 일을 할 수 있을까? 평생 가도 알 수 없지 않을까?" 하는 걱정이 들지도 모른다. 물론 철학적으로 생각하는 건 쉽지 않다. 질문을 거듭하며 먼 길을 돌아가는 것보다 손쉽게 정답에 도달할 길이 있다면, 당연히 그쪽이 편하다. 그렇기에 우리는 답이 바로 보일 만한 단순함을 추구하기 쉽다.

하지만 단순한 것만을 추구하면 곤란할 때가 생긴다. 여기에는 두 가지 함정이 있다.

하나는 "어려운 것은 나와 상관없으니 몰라도 돼."라고 넘겨짚는 일이다. 예컨대 정치, 경제, 학문, 과학, 법률, 사회 문제 등 이 세상에는 어렵고 복잡한 일은 무수히 많다. 하지만 "잘 모르겠으니 나와는 상관이 없어.", "어려우니까 몰라도 돼."라는 태도는 논리 비약이다. 그리고 다른 하나는 '다 아는 것 같은 기분'이 드는 것이다.

'알기 쉬웠다', '대충 알 것 같은 느낌이 든다'라는 생각이 들어도 실상은 '알 것 같았지만 사실상 그다지 기억에 남지 않거나, 돌이켜 보니 이해가 가지 않는다'라는 경우도 종종 있다.

이러한 맹점을 피하기 위해 철학 사고에서는 '모르는 상태'를 긍정한다. 몰라도 된다. 중요한 것은 그것에 매달려 보는 인내심이다. 여기에서 말하는 '매달리기'란 모르는 것을 향해 질문을 던짐으로써 점차 언어화하는 행위를 말한다. 그 방법은 3장에서 설명하겠다.

우리는 언어화를 통해 타인의 생각과 문제를 공유할 수 있다. 그러면 혼자서는 생각해 내지 못했던 해결책과 관점을 알게 된다. 언어화와 공유로써 타인과 힘을 합쳐 무언가를 '더 나은 상태로 만들어가는' 일이 가능해지는 셈이다.

철학이란 만사를 풀어 설명하고 말로 표현하는 일이다. 즉 언어화 자체가 철학적인 태도를 필요로 한다. 넓은 범위로 생각해 보면, 우리 생활에 얽힌 거의 모든 세상일들은 언어에 의해 유지되어 왔다. 문화라 불리는 것들은 대부분 이러한 언어 활동에 따라 형태가 잡히기 마련이다. 언어와 씨름하면서 이해하기 어려운 것들을 알려고 힘쓸 때 비로소 창조성과 동기 부여가 생겨나고 철학적인 사고력도 자리 잡을 것이다.

철학을 사용한다는 것

이 책의 제목은 『철학의 쓸모』이다. 철학이라는 이름은 '쓴다'나 '실용'이라는 말과는 가장 거리가 먼 이미지가 있을지도 모른다. 하지만 나는 철학은 쓸 수 있는 것이라고 단언한다.

실제로 요즘 교육과 비즈니스 현장에서 철학이 활용되기 시작했다. 예를 들어 미국의 IT 기업인 애플이나 구글에서는 '기업 전담 철학자'를 고용한다. IT 기술이나 인공 지능 같은 전문 지식을 위해 고용되는 경우도 있지만, 사내 문제 해결이나 연수, 기업 미션 설정, 마케팅을 위해 고용되기도 한다.

이제 철학 없이는 기업을 꾸려나가기 힘든 미래가 우리를 기다리고 있다. 기술의 진보와 가치관 변화, 소비자 수요의 세분화, 기업의 사회적 · 윤리적 책임의 명확화 등 급격히 변화하는 현대 사회에서는 이제까지 당연하던 논리가 통하지 않는 일이 늘었기 때문이다.

마케팅 현장을 예로 들어보자. 최근에는 단순히 상품이나 서비스를 파는 것뿐만 아니라 사상이나 비전까지 팔아서 가치를 한층 높이는 일이 요구된다. 따라서 철학적으로 생각하여 아이디어를 발전시키거나 서비스와 상품의 가치를 재검토한다. 이럴 때 철학 사고를 사용하여 근본적으로 접근할 필요가 생긴다. 흔히 '철학 컨설팅'이라 불리는 이러한 시류는 일본이나 한국에도 머지않아 도입되리라고 본다.

철학 컨설팅

철학 컨설팅은 내가 하는 일 중 하나이기도 한데, 요즘은 일본에서도 매년 이러한 수요가 늘고 있다는 실감을 한다. 회사의 비전 구축이나 문제 해결을 위해 철학을 필요로 하는 일은 딱히 구글과 애플에만 국한된 일이 아니다.

요즘 들어서는 내가 나서서 설명하기도 전에 철학의 중요성을 알고 먼저 의뢰를 하는 곳들이 폭발적으로 늘어나 놀랄 정도다. 철학 컨설팅은 실제로 다음과 같은 요구에 응해왔다.

"컴플라이언스나 윤리 규정뿐만 아니라 미션과 비전까지 공고히 하고 싶습니다."

"상품과 서비스의 가치를 높일 콘셉트와 학문적 뒷받침이 필요합니다."

"철학 대화를 통해 직장 내 환경과 커뮤니케이션을 개선하고 이직률을 낮추고 싶습니다."

"우리 사업에 도움이 될 철학적 지식과 철학 사고에 대해서 연수나 강연을 듣고 싶습니다."

이러한 의뢰를 받고 기업 대상 연수 프로그램을 진행한 결과, 참가자들은 "개인의 숨겨진 니즈를 발굴해 준 덕분에 사내에서 적절한 배치 전환이 가능했습니다.", "새로운 프로젝트를 추진할 동기 부여가 되었습니다.", "팀원 간에 커뮤니케이션이 원활해졌습니다.", "내가 하고 싶은 일이 무엇인지 명확해졌습니다.", "동료들과 상사에 대해서 더 잘 이해할 수 있게 되었습니다." 등의 감상을 다수 남겼다.

이제는 비즈니스에서도 '철학의 쓰임'이 현실로 성큼 다가와 있다.

타인과 함께하는 철학 사고

철학적인 사고법을 배울 기회는 학교 교육에도 널리 도입되기 시작했다. 최근 일본의 교육 방침이 개정되어 수동적으로 지식을 입력하는 데 그치지 않고 주체적인 대화를 통해 깊이 있는 교육을 시도하는 움직임이 보이고 있다. 또한 도덕이 정규 교과목으로 추가되어, 가치를 주입식으로 가르치는 방식보다 사고와 토론을 더욱 중요시하게 되었다. 이러한 경향은 학교 교육에서 철학적인 사고법을 도입한 이유와 겹친다. 그렇지만 한편으로 교육 현장 일선에 있는 교사들로부터는 "실제로 어떻게 수업을 진행해야 좋을지 막막해요."라며 당혹스러워 하는 의견을 종종 듣고는 한다.

나는 그럴 때에도 이 책이 도움이 되기를 절실히 바란다. 왜냐하면 이 책은 철학 사고뿐만 아니라 타인과의 대화를 통해 사고를 심화시키는 '철학 대화'도 소개할 것이기 때문이다.

철학 대화란 간단히 말하자면 여러 명이 모여서 질문을 한 가지 정한 뒤 모두가 깊이 생각해 보는 자리다. 평소에는 굳이 남들과 이야기하지 않을 법한 주제에 대해 자유롭게 의견을 나누다 보면, 내가 잘 안다고 생각하던 것이 생소하게 느껴지기도 한다. 심지어 잘 모르게 되었는데도 불구하고 묘한 성취감마저 든다.

'공부는 왜 해야 할까?', '왜 남녀는 서로 구별되어야 할까?', '죽으면 어떻게 될까?', '마음이란 무엇일까?', '좋은 일을 하기 위해서 나쁜 일을 해도 될까?', '어른과 아이의 차이점은 무엇일까?', '왜 부모의 말을 들어야 할까?', '왜 꿈을 가져야 할까?', '친구란 무엇일까?', '돌에도 생명이 있을까?', '귀신은 존재할까?'

결코 적지 않은 수의 학생들이 초롱초롱한 눈빛으로 이

렇게 질문을 던진다. 학생들을 보고 있으면 진지하게 생각을 하고 싶다는 그들의 마음이 여실히 느껴진다.

사회인들이나 입시 교육 관점에서는 쓸데없는 것처럼 보여도, 그들에게는 이 세상에서 가장 중요한 질문들이다. 잘 찾아보면 생각할 거리는 한없이 많다. 언뜻 뜬금없어 보이는 말에도 반드시 이유가 있다. 철학은 이처럼 우리로 하여금 근원적인 호기심을 불러일으킨다.

내버려 두기만 해도 혼자 알아서 '프로젝트 학습'을 시작하는 학생도 있다. 그들은 철학 대화로 자신이 궁금해하는 것을 찾아내 끝까지 파고들려 한다. 일반적인 수업이나 일상생활에서 말수가 적던 학생도 철학 대화에서는 다른 학생들보다 몇 배나 수다스러워지는 경우도 드물지 않다. 어느 학교에 가도 반드시 일어나는 흥미로운 현상이라, 그 모습을 보고 담임 교사가 무척 놀라고는 한다.

스스로 생각하고 표현하는 힘, 비판적으로 질문하고 말로 표현하는 힘, 그리고 타인의 말에 귀를 기울이고 존중하는 태도를 익히는 것. 이러한 변화가 어떤 현장에서나 공통적으로 나타난다. 철학 대화를 시작하고 나서 성적이 오른 학생도 있다.

감히 말하건대, 능력 향상이나 기술 습득 같은 것들은 사실 하나도 중요하지 않다. 철학 대화에서는 숫자로 측정 가능한 성과보다 하나하나 개별적으로 의미를 지니는 것들이 훨씬 중요하다.

"좋아하는 일, 공부하고 싶은 분야를 찾게 되었어요.", "공부할 이유를 찾았어요.", "이제까지 내가 특이한 줄 알았지만, 그렇지 않다는 것을 깨달았어요.", "친구나 가족들과도 철학 대화를 나누게 되었어요.", "용기를 내서 다시 학교에 나가게 되었어요.", "학교가 불안하지 않고 편안해졌어요.", "진로를 찾고 어떤 학교에 갈지 정했어요.", "대학에서 철학을 배워보고 싶어요.", "처음으로 친구라고 부를 만한 존재가 생겼어요.", "애인이 생겼어요.", "모든 수업이 철학 대화로 이루어지면 좋겠어요.", "그냥 재미있어요."

예를 들자면 끝도 없지만, 모두 실제로 학생들에게 들은 감상이자 나의 보물이다. 내가 학교에서 철학 대화를 계속하는 가장 큰 이유이기도 하다.

철학 사고는 창조적이다

철학 사고는 다른 사고법과 어떻게 다를까? 비판적 사고, 논리적 사고, 디자인 사고 등 다양한 사고법들 사이에서 철학 사고는 어떻게 구별될까?

철학적으로 생각할 때 우리는 비판적critical이어야 할 뿐만 아니라, 창조적creative일 필요도 있다. 무언가를 비판적으로 생각하는 일은 그 존재 자체를 부정하는 것이 아니다. 정말 그렇게 단언할 수 있는지, 예외는 없는지, 암묵적인 전제가 숨어 있지 않은지 생각하는 일은 진실에 신중하게 접근하기 위해 거쳐야 하는 과정이다. 이는 철학 사고의 중요한 측면이다.

단순히 주장과 설명을 비판으로 해체하여 '산산조각 내는' 것과는 다르다. 철학 사고에는 '부순 것을 다시 우리 손으로 조립하는' 작업도 포함되어 있다. 이처럼 창조적인 측면이 단순한 논리적 사고와 철학 사고의 차이라 할 수 있다.

창조적이라는 말을 들으면 0에서 1을 만들어내야 한다는 생각이 들지도 모른다. 하지만 철학 사고는 아무것도 없는 곳에서 완전히 새로운 것을 만들어내는 것은 아니다.

비판을 거듭하면서 무언가를 조각 단위로 분해한 뒤 재조립하는 이미지를 상상하면 된다. 비판적 사고와 창조적 사고는 사실 종이 한 장의 앞뒷면이나 마찬가지다. 두 사고법의 관계가 원활할수록 철학 사고도 술술 풀린다. 철학 사고를 하면 할수록 더 많은 생각을 하고 싶어질 것이다.

생각하고 싶다는 동기 부여가 강해질수록 사고의 깊이도 더욱 깊어진다. 그러한 '사고의 선순환'이 만들어지는 것도 철학 사고의 특징이다.

자기 흥미나 관심사를 중요시한다

자기 관심사를 중요시하는 것도 철학 사고의 특징이다.

예컨대 학교에서 자신과 관계가 얄팍한 과목을 억지로 암기해야 할 때, 하나도 외워지지 않았던 경험이 있지 않은가?

대뜸 '옛날 일본에는 에도라는 시대가 있고 도쿠가와 이에야스라는 사람이 살았다'라고 배워 봤자 학생이 '그래서 어쩌라는 거야?' 하고 느끼는 마음을, 나는 꾸짖을 수 없다. 그 지식이 자신과 관련이 없다고 느끼기 때문이다. 한참 먼

옛날 시대 일 따위는 대부분 자기 알 바가 아니고, 그 밖에 흥미로운 관심사들은 이 세상에 한가득 넘쳐나니 말이다.

한편 철학 사고에서는 자기 자신의 관심사에서부터 생각하기 시작해 흥미 분야를 넓혀 나가기도 한다. 학교 공부나 무의미하게 느껴지던 업무도 '나와의 관련성'을 찾게 된다면 충분히 긍정적인 면을 발견할 수 있을 것이다.

즉 자기 삶의 '현실성'을 중요시하는 태도 또한 철학 사고의 큰 특징이다. 이것은 단순히 만사를 논리적 또는 비판적으로 생각하고 받아들이는 것과는 구별된다.

타인과 세상을 향한 호기심이 커진다

철학적으로 생각하게 되면 남들의 의견을 듣고 싶고 더 큰 세상을 알고 싶다는 감정을 느낄 수 있다. 정말 알고 싶은 무언가가 생기면 불완전하고 한계가 있는 자기만의 생각보다 타인의 견해에 귀 기울이고 싶고, 더 많은 것들을 알고 싶다는 기분이 들기 때문이다.

즉 '생각할 대상'뿐만 아니라 타인과 세상 그 자체를 향한 관심과 호기심이 싹트는 셈이다.

'내 자존심으로부터 해방되었다'라는 감상을 들을 때도 있다.

철학 사고에서 내 생각이 틀렸음을 깨닫는 일은 수치심도 고통도 아니다. '진실을 알고 싶다'라는 진정성 측면에서 알량한 자존심은 조금도 중요하지 않기 때문이다. 다시 말해서 자기 생각을 고칠 유연함과 타인을 향한 존중심이 생긴다.

정말 중요한 것은 진실과 호기심 그 자체이지, 자신의 일관성이나 자존심이 아니다. 자신을 속이는 일이 얼마나 무의미한지는 굳이 설명하지 않아도 다들 이해할 것이다. 자기 자존심보다도 진실된 것을 향한 관심이 이기는 순간 내 마음이 뒤집어쓰고 있던 갑옷을 벗어던지고 '무장 해제'되어, 순수하게 철학적인 태도를 취할 수 있게 된다.

철학 사고는 단순히 문제 해결을 위한 훈련이나 수단이 아니라 무언가를 생각하는 것이다. 그것은 자신과 타인, 진실을 향한 '사랑'이자, 그 자체로 목적이 된다. 그런 의미에서 철학은 '놀이'에 가깝다고 보아도 좋다. 놀이에 다른 목적은 없다. 놀이를 함으로써 즐거움을 얻는 것이 목적이다.

우선은 철학을 '즐거움'이라고 생각해 보자. 그리고 비판과 창조의 힘겨루기 속에서, 더 깊이 알아가고 싶다는 생각이 벅차오르는 경험을 이 책을 통해 체험해 준다면 더할 나위 없이 기쁠 따름이다.

차 례

4장 | 철학 사고에 깊이를 더하는 법

5장 | 타인과 함께하는 철학 사고

6장 | 세계는 철학을 사용하고 있다

1장 왜 철학 사고를 하는가

생각해 보면 철학자의 철학이야말로
늘 비판에 활짝 열려 있다.
몇십 년, 몇백 년에 걸친 무수한 비판을 견디고
시대와 환경에 따라 새로운 해석이 붙으면서
시대를 뛰어넘어 평가되어 왔다는 점이 그 증거다.

철학은 철학자의 전유물이 아니다

철학이라는 말을 들으면 어떤 이미지가 떠오르는가?

왜지 골치 아플 것 같고 거리감이 느껴지는가?

어려워 보이기는 하지만 왠지 끌리는 구석이 있어 호기심이 생기는가?

철학에 관한 책을 이미 읽어본 적이 있는가?

이 책을 읽는 여러분은 아마도 나중에 언급한 두 가지에 해당할 확률이 높다. 여러분이 느낀 이 직감은 무엇보다 중요하고도 귀중하다. 철학은 결코 철학 전문 연구자들이나 외딴곳에 숨어 사는 은둔자들의 전유물이 아니다.

나는 이제까지 철학을 연구하면서 철학 속에는 헤아릴 수 없는 지혜와 끝을 모르는 기쁨이 있다고 확신하게 되었다. 그뿐만 아니라 일상생활에서 큰 도움을 받은 때도 종종 있었다. 하지만 아쉽게도 철학의 유용함과 즐거움은 학회나 대학교 바깥의 사회에는 좀처럼 알리기 어려웠다.

구글에 검색해도 답이 나오지 않는 것을 철학으로 생각한다

◆

물론 어쩔 수 없는 이유도 있다. '학문으로서의 철학'은 엄격하고 치밀한 어휘를 사용해 세상의 본질과 가치를 규명하려 한다. 철학자의 사상과 말을 배우고 날카로운 비판적 태도를 지닌 사람들이 열띤 토론을 통해 심도 있게 파고든다. 평상시에 비교적 철학과 무관한 삶을 사는 사람들은 당연히 그들을 따라잡기 어려울 수밖에 없다. 그럼에도 학문으로서의 철학에는 중대한 역할이 있다.

철학은 새로운 개념과 말, 가치를 창조한다. 이를 기술, 시스템, 사회 규범에 적용함으로써 우리 사회를 유지하거나 변화시킨다.

철학자들이 던지는 물음은 대부분 이 세상의 본질과 관련되어 있다. "우리의 인식은 정말 올바른 것인가?", "선악의 경계는 어디에 있는가?", "신은 존재하는가?", "아름다움이란 무엇인가?" 등 말이다.

그 질문들은 쉽게 말하자면 '구글에 검색해도 답이 나오지 않는 것'들로, 사전으로 찾아보아도 한 가지 답으로 딱 떨어지지 않는 무언가라고 할 수 있다. 실감하기 어려울지도 모르지만 철학자들에 의한 '학문으로서의 철학'이 쌓아 올린 공적은 사회 곳곳에 많은 영향을 끼쳤다. 헌법이나 사회 복지 등의 국가 체제는 물론이거니와 우리 개개인이 지닌 가치관에까지 달한다. 때로는 철학과 사상이 혁명을 이끌어 내기까지 했다.

예컨대 칼 마르크스의 사상은 러시아 혁명에 영향을 주었고 공산주의와 사회주의라는 사회 시스템을 만들어 냈다. 장 자크 루소의 사상은 프랑스 혁명의 중요한 토대가 되었다. 정치 체제의 근간인 민주주의나 삼권분립, 인권 같은 개념도 철학의 위대한 성과다.

우리 삶에 더 밀접한 예를 들자면, 인종 차별 금지, AI 기술, 남녀평등 이념, 인공 임신 중절, 동물 애호(동물권), 안락사, 장기 이식 등의 방침이 이 세상에 나온 것 또한, 철학의 업적 중 하나로 꼽힌다.

일상 속 작은 철학

◆

철학은 우리와 무관한 것이라고 생각하기 쉽지만, 실제로는 누구나 한 번쯤은 자신도 모르는 사이에 철학을 한다. 평상시에 사소한 일로 놀라거나 화가 나거나 슬픔을 느끼는 감정 하나하나에 '작은 철학'이 움트기 마련이다. 이는 학문으로서의 철학과 달리 개인이 직접 '하는 철학'이라고 할 수 있다. 예를 들어 애인과의 이별 후 "도대체 사랑이란 뭘까?" 하고 상념에 빠지거나, 학교나 회사에서 불합리한 일을 겪고 "도대체 올바른 일이란 뭘까?" 하는 생각에 잠겨보았을 것이다.

학문으로서의 철학이나 철학 전문 서적도 알고 보면 다를 바 없다. 철학자나 철학도는 이러한 질문을 조금 더 끈기 있게 추구해 온 것뿐이다.

철학자라 불리는 사람들의 사상과 비교하면 '하는 철학'은 정제된 말과 체계로 이루어지지 않거나 진지한 사상으로서 연구되지는 않는다. 평범한 삶을 살아가는 우리가 그 정도까지 할 필요는 없기 때문이다. 그저 '인생의 핵심에 가까이 있는 일들을 좀 더 깊이 생각하고 싶다', '그 일에 대해서 조금 더 알고 싶다'라고 생각할 따름이다. 그런 사소한 감각 속에 틀림없이 작은 철학의 시작이 있다. 이 책에서는 이 감각을 그 무엇보다 중요시하고자 한다.

학문으로서의 철학과 개인의 철학(하는 철학)은 하나로 이어져 있다

◆

철학에는 학문으로서의 철학과 개인의 철학 두 가지 종류가 있다고 설명했다. 이 두 가지는 원래 서로 분리된 철학이 아니다. 학문으로서의 철학은 무조건 개인의 철학에서 비롯되는 것이기 때문이다. 다시 한번 정리해 보자.

① 학문으로서의 철학

철학자들이 말하는 *세상에 관한 설명이나 주장*이다. 니체 사상이나 칸트 철학과 같은, 비교적 정돈된 저작물로 공표되어 학설로서 역사가 있고 연구가 이루어지는 것들을 일컫는다. 대학 강의나 연구자들 사이에서 다루어지는 것은 보통 이 철학이다. 철학책을 읽고 새로운 해석을 제시하거나 그 타당성을 논의한다.

② 개인의 철학

자기 경험이 계기가 되어 '더 생각하고 싶다'라고 느낀 것을 주체적으로 생각하는 일이다. 문득 의문을 떠올리는 감성, 그것을 말로 표현하는 이성, 확신에 얽매이지 않고 열린 마음으로 비판적으로 생각하는 태도를 필요로 한다.

학문으로서의 철학과 개인의 철학은 항상 서로 오고 가면서 변화하고 발전한다. 그런 가운데 학문으로서의 철학은 종종 '어느 시대든 통하는 진리'로서 우러러 받들어지기도 한다. 그 철학적 말이나 사상을 '자기 생각의 정답'이라고 넘겨짚은 채 사유하기를 포기하거나 의존 대상으로 여기는 사람도 있다.

그 탓에 개인의 철학적 태도가 경시되는 경우도 있다. 하지만 아무리 유명한 철학자의 명언과 사상이라도 '나라면 어떻게 생각할까?'라고 자문하는 자세가 없다면 무의미하다.

믿음을 의심하고 생각을 변화시킬 유연성이 없다면 자신이 틀렸다는 사실을 알아차렸을 때 당혹에 빠진다. 어떻게 궤도 수정을 해야 하는가. 이제 어디로 나아가야 하는가. 그 방법은 자기 머리로 고민하는 수밖에 없다.

생각해 보면 철학자의 철학이야말로 늘 비판에 활짝 열려 있다. 몇십 년, 몇백 년에 걸친 무수한 비판을 견디고 시대와 환경에 따라 새로운 해석이 붙으면서 시대를 뛰어넘어 평가되어 왔다는 점이 그 증거다. 이처럼 항상 열려 있는 자세야말로 철학에서 가장 중요한 것이다.

철학은 삶에 도움이 된다

그렇다면 철학은 우리에게 구체적으로 어떠한 성과를 줄까?

철학으로 자유로워진다

◆

우선 '자유'라는 키워드를 예로 들어 보겠다. 여기에는 몇 가지 의미가 있다.

첫째, 자기 본심을 깨닫게 된다.

둘째, 자기 행동의 기준과 신념을 발견할 수 있다.

셋째, 자기 말로 자기 생각을 표현할 수 있다.

넷째, 타인과 깊은 대화를 나누게 되어 인간관계가 개선된다.

첫째, 자기 본심을 깨닫게 된다

철학을 하다 보면 세간에서 흔히 하는 말들과 '반드시 이렇게 해야 한다'라는 사회 규범들을 곰곰이 따져 보면 이렇다 할 근거도 없고, 그저 누군가가 마음대로 정해 놓았을 뿐이라는 사실을 깨닫게 된다.

우리는 이처럼 무수히 많은 규범과 말을 무의식중에 내면화한다. 말하자면 남들에게 손가락질 받고 싶지 않은 마음에 자신을 지킬 '무거운 갑옷'을 뒤집어쓰고 다니는 것과 같다.

철학적 사고는 이 갑옷, 즉 자기 본심과는 무관한 '이론 무장'이 더는 필요 없다는 사실을 깨닫게 해준다. 자신이 진정 하고 싶은 일이 무엇인지, 어떻게 살아가고 싶은지를 탐구할 수 있게 되기 때문이다.

둘째, 자기 행동의 기준과 신념을 발견할 수 있다

자기 갑옷은 스스로 만들었거나 혹은 누군가에 의해 억지로 만들어진 것이며, 바꾸고자 한다면 얼마든지 바꿀 수 있다는 사실을 깨달을 때 우리는 자유로워진다. 그 순간부터 내 몸에 뒤집어쓰고 남을 차단하던 답답한 갑옷이 적극적으로 나를 지키기 위한 신체의 일부로 바뀌기 때문이다. 자기 행동 지침과 신념, 자신의 말을 찾는 과정이라고 해도 좋다.

셋째, 자기 말로 자기 생각을 표현할 수 있다

철학 사고를 할 때 우리는 계속해서 자신과 대화를 나눈다. 그러는 사이에 자기 마음 깊은 곳에서 솟아나는 신념과 감정을 말로 표현할 수 있게 된다. '자기 말을 가지게 된다', '머릿속에 있는 생각을 자기 말로 표현할 수 있게 된다'라고 할 수도 있겠다.

해소되지 않은 생각, 위화감이 들던 생각, 소리 내어 말하고 싶던 생각들을 언어화할 수 있게 되는 셈이다. 이는 단순히 타인에게 자신을 표출하는 것만이 아니라, 머릿속 생각을 더 조리 있게 정돈하는 일이기도 하다. 어딘가에서 따온 말이나 타인의 권위에 기댈 필요가 없어진다. 또한 자신을 억지로 꾸미지 않고 자신과 다른 의견에 대해서도 열린 마음가짐으로 있을 수 있다.

넷째, 타인과 깊은 대화를 나누게 되어 인간관계가 나아진다

이제까지의 세 가지 변화는 말하자면 타인과의 대화를 진전시키는 '무장 해제'에 해당한다. 말로 표현한다는 것은 타인과의 커뮤니케이션을 성립시키는 본질이기 때문이다. 겉치레 표현이나 빈말이 아니라 본심에서 우러나온 말로 서로를 깊이 이해하는 일이 가능해진다.

그러면 타인의 가치관이나 자신이 생각지도 못한 행동 원리를 전보다 훨씬 잘 깨닫게 되거나, 자신의 생각을 고칠 수 있는 내적 시스템이 만들어진다. 그리고 더 깊이 알고 싶다는 생각에 이르게 된다. 이 과정 속에서 우리는 타인과나, 세상에 대해서 진실한 의미로 관심을 가지고 깊게 파고들 수 있게 된다.

이는 철학Philosophy라는 말에 '사랑하다Philo'라는 의미가 포함되어 있는 연유이기도 하다.

이렇게 하면 진정한 의미로 인간관계가 개선되고 친구를 사귈 수 있다. 회사나 학교에서 좋은 환경과 관계를 구축하는 데에도 응용할 수 있으며, 겉치레나 틀에 박힌 사이가 아닌 진솔한 관계를 맺을 수 있다. 철학 사고를 하며 서로 깊이 있는 대화를 나누는 철학 대화가 결혼 시장에서도 활용되기 시작했다는 사례가 이를 뒷받침한다.

즉, 철학은 궁극의 커뮤니케이션 도구이기도 하다.

문제나 목적을 생각할 힘이 생긴다

◆

인터넷과 AI의 발전과 보급에 따라 우리 생활은 빠르게 변모했다. 셀 수 없이 많은 정보가 흘러넘치고 다양한 기술이 생기는 가운데, 우리의 말로 '본질'을 꿰뚫어 파악하는 힘이 필요해졌다.

우리 일상은 구글에 검색해도 나오지 않는, 정답 없는 문제들로 넘쳐난다. 시대의 급격한 변화 속에서 부조리한 사회 규범을 철두철미하게 비판하고 '진정 가치 있는 삶과 공동체의 바람직한 모습이란 무엇인지'를 생각해야 한다. 그러기 위해서 철학적인 사고력이 필요하다는 것은 너무나도 당연하다.

두말할 것도 없이 단순한 반복 작업이라면 기계나 컴퓨터가 우리보다 몇 배나 더 효율적으로 해낸다. 조사해서 알 수 있는 지식이라면 필요할 때 편한 장소에서 인터넷으로 손쉽게 검색할 수 있다. 언제가 되었든 우리가 인정하지 않을 수 없는 '불편한 진실'이다.

하지만 무엇보다 중요한 점은 이러한 시대를 맞이하더라도 기계나 기술을 창조하고 그것으로 '무엇을 시킬지, 왜 시키는 것인지'는 우리 스스로의 힘으로 생각할 수밖에 없다는 사실이다.

지식과 가치의 시시비비를 가리고, 그것을 통해 무엇을 해야 하는지 가려내는 핵심적인 책무는 결국 인류의 손에 달려 있다.

철학자들만큼은 아니더라도 철학적 사고에 친숙해진다면 이 시대의 다양한 문제에 우리 힘으로 다가갈 수 있게 된다. 현시점에서는 아직 지금 말한 장점이 마음에 와닿지 않을지도 모른다. 하지만 이 책을 따라 자기 자신과 대화를 거듭한다면 결국 철학으로 인해 자유로워지고, 문제나 목적을 생각할 힘이 생긴다는 것을 반드시 실감하게 되리라고 장담한다.

1장 정리

- 철학으로는 '구글에 검색해도 답이 나오지 않는 것'을 생각한다.

- 철학에는 학문으로서의 철학과 개인의 철학(하는 철학) 두 가지가 있다. 두 가지는 항상 서로 영향을 끼치며 변화하고 발전한다.

- 철학으로 자유로워질 수 있다.
  ① 자기 본심을 깨닫게 된다.
  ② 자기 행동의 기준과 신념을 발견할 수 있다.
  ③ 자기 말로 자기 생각을 표현할 수 있다.
  ④ 타인과 깊은 대화를 나누게 되어 인간관계가 나아진다.

- AI 시대에 기계와 기술로 무엇을 해야 하는지 그 목적을 생각할 힘이 점차 중요시되고 있다.

2장

철학 사고란 무엇인가

말로 표현하기 어려워서
제대로 인식하지 못했던 것을
개념과 말로써 구별하고 파악하는 일을
우리는 철학이라 부른다.

철학이란 '아는' 경험이다

철학자가 아닌 우리가 철학을 할 때 어떤 마음과 태도가 필요할까?

무엇보다 '생각하고 싶다'라는 마음이 가장 중요하다. 왜냐하면 생각이란 주체적인 행위이기 때문이다. 스스로 생각하고 싶다고 마음먹지 않는 한 그 무엇도 시작되지 않는다.

철학 사고의 구체적인 단계는 3장부터 설명하겠다. 이번 장을 보고 나면 다음 장 이후가 더욱 이해하기 쉬워지겠지만, 얼른 철학 사고를 하는 순서부터 알고 싶다면 다음 장으로 먼저 갔다가 돌아와도 상관없다.

진정한 의미에서 '앎'이란

◆

철학이란 '아는' 경험이다. '앎'이란 어려운 철학책이나 전문 지식 없이도 언제든 누구라도 향유할 수 있는 것이다. 여기에서 말하는 앎이란 다음과 같은 질문의 빈칸을 메울 수 있는 것과는 다르다.

문제1 : 에도 막부를 세운 사람은 ________ 이다.

문제2 : 2 + 2 = _____

우리는 이러한 문제에 바로 답할 수 있는 지식을 '아는 것'이라고 착각하기 쉽다. 이것들도 물론 앎의 일부이고 지식의 양을 측정할 수 있다는 기능을 하지만, '앎의 전부'는 아니다.

우리는 종종 답할 수 있는 것, 바꾸어 말하자면 맞힐 수 있는 것과 이해한 것을 혼동하여 자기만족에 그칠 때가 있다. 그것이 어떤 의미를 지니는지, 타당한지 아닌지 가려내는 사고 수준에 도달하기 힘든 것은 누구에게나 해당되는 일이다.

하지만 이것만으로 진정한 의미에서 무언가를 다 안다고 말할 수 있을까?

앎 속에 있는 모름

◆

앎이란 원래 모름을 포함한다. 무언가를 안다는 말에는, '무엇을 어디까지 알고 어디부터는 모르는지'를 알고 있다는 뜻이 담겨 있기 때문이다.

도쿠가와 이에야스를 예로 살펴보자. 그가 1603년에 에도 막부를 세우고 이후 15대에 걸쳐 그의 자손들이 정치를 도맡았다는 것은 널리 알려진 사실이다. 하지만 당시 서민들이 어떻게 생활했는지는 아쉽게도 잘 알지 못한다. 하지만 이렇게 무엇을 모르는지 깨닫는 순간 더 자세히 알아보고 싶다는 마음이 생겨난다.

에도 시대는 비교적 평화로운 시대로 평가되기도 한다. 그것이 사실이었는지 아닌지는 내가 검증할 길은 없다. 혹은 '도쿠가와 이에야스라는 인물이 존재했다'라는 사실이

지금 이 시대를 사는 나에게 어떤 의미를 지니는지도 잘 모른다.

이처럼 그에 대해 알면 알수록 반대로 모르는 것들이 늘어만 간다. 철학은 이처럼 모름이란 무엇인지를 생각할수록 추진력을 얻는다.

자신의 무지를 알면 앞으로 나아갈 수 있다

◆

고대 그리스의 철학자 소크라테스는 일찍이 '소크라테스보다 현명한 자는 없다'라는 신의 계시를 들었다고 한다. 이에 의문을 가진 소크라테스는 당시 현명하다고 일컬어지던 사람들을 찾아가 그들이 과연 무엇을 알고 있는지를 확인하기 위해 대화를 거듭했다.

확실히 그들에게는 자기 직업에 관한 경험과 기술, 그리고 지식이 있었다. 그러나 진리에 관해서는 아무것도 몰랐다. 그럼에도 불구하고 그들은 자신들이 똑똑한 사람이라고 믿고 있었다. 그것을 본 소크라테스는 깨달았다.

"나는 이러한 것들을 모른다는 것을 안다."

이 점에서 소크라테스는 자신이 그들보다 현명한 사람이라는 계시의 참뜻을 이해했다. 이 태도는 '무지를 아는 것'이라고 불린다. 이는 고상한 척 젠체하는 것도 아니고, 모른다는 것을 아는 사람이 더 훌륭하다는 단순한 일화도 아니다. 그 무엇보다 철학적인 태도의 근본을 가장 잘 나타내는 사례다.

*철학은 무엇보다 늘 자신의 무지와 마주하고 그에 따라 추진력을 얻는 행위*이기 때문이다.

'이해'란 말로써 분해하는 것

◆

우리는 무언가를 감각적으로 이해할 때가 있다. 잘 모르지만 느낌으로 알았다든가, 몸이 기억하고 있다든가, 상상으로 알 수 있는 것들 말이다. 하지만 무언가를 느낌으로 파악하는 정도로는 철학 사고라 하기 어렵다.

이러한 감각 덕분에 우리는 자동차를 운전할 수 있고, 요리를 하거나 스포츠를 즐길 수도 있다. 하지만 철학 사고는 말이나 개념으로 현상을 설명하는 행위를 포함한다. 철학이란 결국 궁극적으로 '언어'로 하는 것이라 할 수 있다.

조금 더 보충하자면, 이해(理解)란 말 그대로 무언가를 무언가로부터 '분해하는 행위'다. 애매모호해서 잘 모르겠다는 감각과 감정, 혼돈 상태로부터 어떤 부분을 나누어 떼어내는 행위를 통해 우리는 현상을 이해할 수 있게 된다.

즉, 말로 표현하기 어려워서 제대로 인식하지 못했던 것을 개념과 말로써 구별하고 파악하는 일을 우리는 철학이라 부른다.

예를 들어 아기가 보는 세상은 모든 것이 '미분화'에 가깝다. 하지만 손으로 만져 보거나 말을 배우면서 세계를 점차 쪼개어 보기 시작한다. 그러다 보면 부모를 자기 외부 존재로 인식하게 되기도 하고, 단순히 초록색 덩어리였던 것들이 숲이나 나무, 잎사귀로 각각 다른 존재임을 이해하게 되는 셈이다.

어떠한 답을 구할 때는 스스로 무언가를 이해하려고 하

는 적극성이 필요하다. 앞서 말했듯이 철학 사고에서는 이렇게 '알고 싶다', '생각하고 싶다'라는 주체성을 빼놓을 수 없다.

사고에는
함정이 있다

사고라는 단어에 상당히 여러 가지 의미가 담겨 있다는 생각이 들지 않는가? 이번에는 사고라는 과정 그 자체를 분석하면서 철학 사고의 본질을 추구하고자 한다.

감정과 사고의 차이

◆

생각이라는 단어가 머리에 떠오르는 아이디어나 의식의 총체를 가리킨다고 하자. 이런 의미에서 우리는 자고 있을 때가 아니면 항상 머릿속에서 무언가를 생각한다.

이를테면 배가 고프다는 느낌, 구름을 보고 고래 모양을 떠올리는 상상, 멀리 떨어져 사는 가족에 대한 그리움, 바닷가에 가고 싶다는 소망 등 완전한 무념무상을 유지하는 일은 거의 불가능할 만큼 우리는 늘상 이런저런 생각을 하며 산다.

감정 = 소극적

감정이란 떠오르거나 느껴지는 종류의 생각이다. 즉 우연히 마음에 떠오르거나 뇌리에 스치는 것들을 뜻한다. 감정은 소극적이고 수동적인 측면이 있다.

그리고 '기분'과 비슷하다고 할 수 있다. 곰곰이 생각한 결과가 아니라 반사적인 것, '용서할 수 없어' 하는 기분이나 '따분한 느낌' 같은 마음 상태를 나타낸다.

사고 = 적극적

그렇다면 감정과 사고의 차이에 주목해 보자.

평상시에는 크게 의식하며 살지는 않지만, 이 책에서 논하고 싶은 것은 생각 중에서 감정이 아닌 사고임을 힘주어 말하고 싶다.

굳이 따지자면 사고란, 감정에 비해 적극적인 행위라고 할 수 있다. 문제를 해결하거나 조건을 고려하는 등 주체적인 의식 행위를 이 책에서는 사고라고 표현하고자 한다. 사고 중에서도 이 책에서 자세히 다루고 싶은 것은 반성적 사고, 비판적 사고다.

반성하며 생각하는 것

◆

퀴즈나 계산처럼 정해진 정답을 맞히는 과정도 물론 사고에 해당한다. 하지만 철학 사고에서는 쉽게 답이 나오지 않는 질문에 대한 사고를 한다. 그리고 이 철학 사고의 특징은 반성적으로 생각하는 것이라 할 수 있다.

그렇다면 반성적 사고란 어떤 것일까?

구름을 보고 고래 모양을 연상하는 것. 책을 읽다가 갑자기 누군가의 부탁이 뜬금없이 생각나는 것. 이들은 단순한 '떠오름'에 지나지 않는다.

반면, 반성적으로 생각할 때 우리 머릿속에서는 하나의

생각과 다른 생각이 연결되는 현상이 벌어진다. 어떤 생각이 예전에 떠올렸던 다른 생각과 새롭게 관련되는 것. 그리고 이러한 발상의 관계를 몇 번이고 되새겨 생각하는 것. 이것이 반성적 사고다. 번뜩이는 아이디어가 그저 의미 없이 생기지는 않는다.

이렇게 생각해 낸 아이디어나 개념이 덩굴처럼 하나둘 이어지다 보면 중대한 문제를 해결하기 위한 실마리가 된다.

그렇다고 해도 그 하나하나가 쓸 만한 '재료'나 '무기'가 아니라면 철학 사고를 제대로 준비하기 어렵다. 이는 기초가 중요한 건축에서처럼 토대를 탄탄히 굳히는 작업이다. 집을 구성하는 자재들은 집이라는 큰 틀을 지지하기 위해 적절하게 조립되어야 한다.

토대나 기둥이 탄탄하지 않은 집은 금세 허물어지기 마련이다. 설계할 때 엉뚱하게 현관을 옥상에 마련해서는 안 된다. 현관이라는 공간이 방이나 복도와 알맞게 연결되어야 하기 때문이다.

주장은 언제든 바뀌어도 된다

◆

주장은 시간의 흐름에 따라 바뀌어도 문제없다. 사회에서는 간혹 일관된 입장이나 굳은 신념이 바람직한 것이라고 평가된다. 하지만 변화는 결코 나쁜 것이 아니다. 살아가는 과정 속에서 다양한 경험을 하고, 자기 입장과 가치관의 변화를 느끼는 일은 오히려 사고가 깊어지고 있다는 증거나 다름없다.

변화란 한편으로 어려운 일이기도 하다. 반성적 사고는 자기 안의 불안정한 부분을 발견하고 인정할 뿐만 아니라 그 상태를 유지하는 과정이기도 하기 때문이다.

문제가 문제임을 인식하고, 자신이 무의식중에 끌어안고 있을지 모를 독선이나 편견과 마주해야 하는 상황에 놓인다. 상당히 심리적인 부담이 드는 작업이다.

우리는 보통 안정된 상태, 의심이나 불안이 들지 않는 상태를 선호한다. 당연히 아무 문제 없는, 혹은 문제가 없어 보이는 편이 좋기 때문이다. 자신에게 해결되지 못한 문제가 남아 있다면 자신의 결점과 불안감, 불확정성과 마주하고 인내해야만 한다. 종종 우리는 그 과정을 견디지 못하고 자기 합리화에 빠진다. 그러나 철학 사고는 억지로라도 자신의 불완전성과 마주하고 자각해야 한다.

문제란 모름지기 불안정한 혼돈이다. 이 상태를 인정해야만 한다는 사실을 견디고 섣불리 판단을 내리지 않도록 노력을 거친다면 비로소 해결된, 질서정연한, 안정적인 상태로 승화시킬 수 있다.

프랜시스 베이컨의 네 가지 우상

◆

반성적 사고를 통해 잘못된 사고로 빠지지 않기 위해서는 유명한 철학자들의 사상도 좋은 도움말이 된다.

프랜시스 베이컨Francis Bacon이라는 철학자가 있다. 그는 사람이 만사를 생각하고 인식할 때 빠지기 쉬운 함정을 네 가지 우상으로 나누어 제시했다.

① 종족의 우상

우리가 인간이기에 필연적으로 발생하는 우상이다.

우리는 인간의 신체와 감각을 통해서만 무언가를 인식하거나 생각할 수밖에 없다. 하지만 만약 다른 동식물(종족) 입장에서 보면 이 세상은 완전히 다르게 보일 것이다. 어안렌즈나 색깔을 식별하지 못하는 곤충의 눈을 떠올리면 인간이 보는 세상이 얼마나 일면적인지 알 수 있다.

결국 우리는 인간이라는 시점에서만 세상을 이해한다는 한계점을 인식할 필요가 있는 셈이다. 이것을 극복하기란 현실적으로 상당한 어려움이 따르겠지만, 적어도 다음에 나올 세 가지는 의식적으로 조심할 수 있는 영역이다.

② 시장의 우상

사람 사이의 커뮤니케이션에서 기인하는 우상이다.

우리는 시장, 즉 항간에 떠도는 말을 쉽게 믿어 넘긴다. 하지만 그 말들이 신뢰할 만한지, 진짜인지 아닌지조차 모를 때도 적지 않다. 우리는 말을 다분히 애매모호하게 취급한다. 게다가 자신이 평소에 쓰는 특유의 언어 사용법이나 주관적인 의미에 근거해서 말을 한다. 즉 어떤 말에 담긴 의미란 말하는 사람이나 말하는 문맥에 따라 달라진다는 뜻이다. 대화 도중에 이해가 잘 되지 않아서 되묻고 나서야

"아, 그런 뜻이었구나." 하고 이해한 적이 있지 않은가?

이렇듯 말이란 '전달 게임'같이 사람의 입에서 입으로 전해질 때 내용이나 해석이 달라지기 마련이다. 반성적 사고를 할 때는 이처럼 '전달된 말'이나 '떠도는 말'의 의미를 받아들일 때 신중을 기할 필요가 있다.

③ 동굴의 우상

우리 모두는 마치 각자 좁은 동굴 같은 환경에서 자라나 그 안에서만 세상을 보고 있는 존재에 지나지 않다. 이 우상은 우리가 서로 다른 개인이라는 점에서 기인한다.

자신과 완전히 똑같은 경험을 해본 사람은 이 세상에 단 한 사람도 존재하지 않는다. 그런 뜻에서 우리는 자신이 받아 온 교육, 환경, 언어 사용을 통해서 바깥세상을 보지 못하는 셈이다.

예컨대 같은 인간이라도, 같은 나라 사람이라도, 혹은 같은 마을 사람이나 가족조차도 서로 다른 존재라는 점에는 틀림이 없다. 그렇기에 우리는 어디까지나 '나라는 특수한 관점'에서 세상을 보고 있다는 사실을 깨달을 필요가 있다. 자신이 보는 세상은 옆 사람이 보는 세상과는 전혀 다르다.

④ 극장의 우상

우리는 때때로 권위나 능력을 지닌 사람, 나보다 나이가 많은 사람이 하는 말을 쉽게 믿는다. 그들은 극장, 즉 세상의 큰 무대에 서 있는 사람들이다. 그러나 그들이 종종 틀릴 수 있다는 사실을 굳이 뉴스나 신문을 볼 것도 없이 누구나 경험을 통해 알고 있다.

확실히 기존의 권위나 전통, 규범을 맹목적으로 따르며 무비판적으로 생각하거나 열광적으로 추종하는 것은 그리 드문 일이 아니다. 이러한 경험이 전혀 없었다면 우리는 평범하게 살아가는 것조차 쉽지 않았을 것이다. 그러나 진짜 자기 힘으로 생각해야 할 때, 이 우상을 피하려 주의하지 않고 맹목적인 태도를 고수한다면 다분히 위험하다는 점 또한 사실이다.

존 로크의 감정과 이성의 관계

◆

존 로크라는 철학자는 이와는 조금 다른 관점에서 우리가 잘못된 신념을 형성하고 마는 세 가지 패턴을 정리했다.

① 스스로 생각하지 않고 신뢰할 만한 사람을 따라 행동한다

자기 힘으로 생각하기란 꽤나 고된 일이다. 자기 내면과 진지하게 마주하고, 이제까지 믿어온 것들을 의심하고 파괴하며, 때로는 고독해져야만 하는 행위이기 때문이다. 그래서 신뢰할 만한 사람의 생각을 자기 생각인 양 믿어 넘기는 일이 생긴다. 이는 극장의 우상과도 일맥상통하는 생각법이다.

② 감정에 모든 것을 맡기고 이성적으로 판단하지 않는다

그때그때의 기분에 의존하거나 자신이 지지하는 집단의 의견에 이성을 맡기기도 한다. 이때 우리는 흔히 실수를 저지른다. 이성적인 생각만이 항상 옳다고는 할 수 없다. 그래도 우리는 감정적일 때 내린 판단은 틀릴 때가 많다는 사실 또한 경험에 따라 충분히 알고 있다.

③ 이성적으로 생각하려 하지만 문제 전체를 보려 하지 않는다

우리는 무심코 자신이 불리한 면에서는 눈을 돌리고, 관심이 있는 것에만 집중하거나 관심이 가는 사람하고만 지내려 한다. 그래서는 '넓은 시야로 전체를 보고 생각하는 것'에서 멀어지고 만다. 무의식중에 빠지게 되는 자기 합리화로 자신에게 관대한 마음이 커져 특정 부분을 보고도 못 본 척하지 않도록 조심할 필요가 있다.

철학 사고에
필요한 마음가짐

이러한 사고의 함정에 빠지지 않으려면 이제부터 소개할 다섯 가지 마인드가 중요하다.

첫째, 열린 마음

말 그대로 '열린 마음'을 말한다. 어떤 일이든 곧이곧대로 받아들여야 한다는 뜻이 아니다. 상식적·보편적으로 느껴지더라도 깊게 의심해 보는 것, 자신과 다른 의견이나 생뚱맞은 의견일지라도 열린 태도로 들어보는 것, 즉 수용하는 태도다.

수용하는 것은 마냥 받아들이기만 하는 것과는 다르다. 즉 어떤 일이든지 긍정하라는 말이 아니다. 일단 '그 입장이 되어 이해해 보려는' 것이다. 언뜻 당연해 보이는 전제나 상식이라도 우선은 벗어나 보고 의심해 본다는 의미에서의 열린 마음 또한 필요하다.

둘째, 전념

문제를 성심성의껏 마주하고 그 상황에 자신을 대입해 보는 자세도 필요하다.

거듭 말하지만 우리는 정말 관심 가는 것이 아니면 깊게 생각하려 들지 않는다. 깊게 생각하려면 문제가 우선 자기 자신과 관계가 있어야 하는데, 처음부터 반드시 관심이 생긴다고는 단언할 수 없다.

직접적인 관련이 없어 보여도 우선은 자신과 상관있는 것이라고 가정해 보는 것도 중요하다. 일단 한 걸음 앞으로 나아가 생각하는 마음 습관을 들여보자.

곰곰이 생각해 보면 이 세상에서 나와 아무런 연관도 없는 것을 찾아내는 편이 훨씬 어렵지 않을까? 다음 장에서 나는 '컵'이라는 주제로 철학을 해보는 데에 도전할 예정이다. 확실히 세상에서 컵만큼 나에게 하찮은 주제는 없다. 하지만 실제로 철학적으로 생각하기 시작하면 의외로 이야기가 흥미로운 방향으로 발전하는 일이 종종 생긴다.

처음은 관심이 없더라도 생각하면 할수록 어느새 깊이 빠지고 마는 경험을 독자 여러분도 즐겨 준다면 좋겠다.

영어로 '관련이 있다'라는 뜻의 단어 relevant에는 '중요하다', '의미가 있다' 라는 뜻도 있다. 다양한 것들을 자신과 관련 지어 생각할 줄 알게 된다면, 거기에서 새로운 의미를 찾아낼 수 있을 것이다.

셋째, 상상력

비판적 의심은 철학 사고의 핵심이다. 하지만 비판만이 철학적인 것은 아니다. 어딘가에 이미 존재하는 아이디어나 사실, 연구 결과로부터 새로운 가능성과 대안을 찾아내는 일 또한 중요하기 때문이다. 물론 안이하게 논리나 추론을 비약하는 것은 위험하다. 하지만 한편으로 신중하게 비판하는 자세만 잊지 않는다면, 구태여 풍부한 상상력을 억압할 필요는 전혀 없다.

넷째, 자율성

타인의 의견, 특히 믿음직한 사람이나 친한 사람의 의견에 영합하지 않고 자신의 자율성을 믿는 것도 중요하다. 무엇보다 자기 경험을 통해 자신만의 언어로 생각해 보아야 한다.

소중한 사람이나 호감 가는 사람과 '그들이 지닌 지식과 의견의 진위 여부나 정당성'은 분리해서 생각할 필요가 있다. 권위나 타인에 의존하지 말고 자기 힘으로 생각하는 데 자신감을 가져야 한다. 자기 신뢰감이 있어야 안이하게 정답부터 찾으려 들지 않고 '계속해서 질문하려 노력하는 힘'을 얻을 수 있다.

다섯째, 변화

사고를 거듭하는 과정에서 자기 생각이 크게 뒤집히는 상황이 일어나더라도 일단은 즐기는 자세가 중요하다.

변화는 때때로 아픔을 동반한다. 철학 사고는 자신이 이제까지 믿어온 것, 의지해 온 것을 의심하고 파괴해야 하는 때도 생기기 때문이다.

나라는 존재가 언제나 확고부동하게 존재하고 늘 일관

성만 가지고 있기란 불가능하다. 우리는 누구나 계속해서 변화하기 때문이다.

생각이 진척되는 과정에서 의견은 바뀌어도 되고, 질문 또한 바뀌어도 된다. 그러기 위해서는 무엇보다 자신이 변한다는 느낌을 즐길 줄 알아야 한다.

우선 마음에 자유를 주자

◆

마인드셋을 갖추었다면 이제부터 자유로운 마음으로 철학을 즐기기만 하면 된다. 마음속의 의문점이나 의심, 놀라움, 분노에 충실하고 솔직해져 보자.

우리는 종종 사회생활에 순응하거나 업무의 목적 달성에만 급급한 나머지 자기 감정이나 마음을 무의식중에 억누르는 경우가 있다. 누구나 한 번쯤은 어릴 때 '죽은 다음에는 어떻게 될까?'라든가 '신이 진짜 존재할까?' 하는 단순한 의문을 떠올린 적이 있을 것이다.

이처럼 원시적인 감각, 어린 시절의 감각을 되찾아야 한다. 내 안을 맴도는 어색함이나 답답한 감정, 아직 말로 표현하기 어려운 것, 그것들을 차차 말로 구현할 수 있도록 평정심을 찾아야 한다.

정신없는 일상 속에서 자유롭게 사고를 펼치기란 좀처럼 쉽지 않다. 자유로운 사고가 '목적 달성을 위한 지름길'이라는 보장도 없거니와, 반대로 먼 길을 돌아가는 것처럼 느껴질지도 모른다. 하지만 이는 철학을 하기 위해 필수 불가결한 과정이다.

내 마음이 편안한 상태를 만드는 단계는 철학 사고를 시작하기 전의 워밍업과 마찬가지다.

산책을 하거나 집 안의 조명을 낮추거나 목욕을 하는 등 각자가 가장 적합하다고 느끼는 환경이 따로 있을 것이다. 쓸데없는 것들에 신경을 빼앗기지 않도록 조용하고 자유로운 시간과 공간이어야 한다는 점이 포인트다.

2장 정리

- 철학은 아는 경험이다. 아는 것과 모르는 것을 말로 정리하면서 진척된다.
- 생각에 따라 자기주장은 얼마든지 바뀌어도 된다.
- 사고의 함정(선입견, 편견)에 빠질 가능성은 누구에게나 있다.
- 사고의 함정에 빠지지 않기 위해서는 다음 다섯 가지 마인드가 중요하다.

  ① 열린 마음: 나와 다른 사고방식을 이해하려 노력한다.

  ② 전념: 어떤 일이든 자신과 상관있다고 가정해 본다.

  ③ 상상력: 비판적으로 의심하면서 새로운 가능성과 대안을 찾는다.

  ④ 자율성: 자기 경험을 토대로 자기만의 말로 생각해 본다.

  ⑤ 변화: 일관성에 집착하지 말고 생각의 변화를 즐긴다.

3장 철학 사고로 질문하는 법

상식에 사로잡히지 않고
어떤 일이든 비판적으로
의심하는 훈련을 통해서
철학 사고에 필요한 감성을 키울 수 있다.

질문에 익숙해지기 위한 질문 연습

이제까지 살펴보았듯이 철학 사고는 질문을 던진 뒤 그 질문의 꼬리에 꼬리를 물면서 더욱 발전한다. 그래서 첫 단계인 '질문하기'가 무엇보다 중요하다.

그런데 우리는 질문을 거듭하는 교육을 충분히 받지 못했다. 학교에서는 대체로 질문보다는 답을, 그것도 단 하나뿐인 정답만 맞힐 것을 요구해 왔기 때문이다.

즉 우리가 질문 자체에 익숙하지 않다는 말이다.

일단 첫 훈련으로 질문에 익숙해지는 것부터 시작해 보자.

질문 연습

◆

아무리 자질구레한 것이라도 철학의 대상이 될 자격이 있다. 철학 사고의 워밍업으로 사소한 질문을 만들어 시험 삼아 철학을 해보기도 한다.

예를 들어 어느 집에나 있는 컵 같은 물건으로도 철학 사고를 시험해 볼 수가 있다. 먼저 컵을 보고 떠오르는 질문을 닥치는 대로 적어 본다. 질문이 철학적인지 아닌지는 나중에 생각해도 된다.

A그룹

- 컵은 누가, 언제 발명했을까? 어느 무렵부터 쓰였을까?
- 얼마나 많은 종류의 컵들이 이 세상에 존재할까?
- 컵이 없는 문명도 있었을까? 있었다면 어떻게 물을 마셨을까?
- 이 컵은 무엇으로 만들어졌을까? 길이나 무게는 어느 정도일까?
- 어떤 재료로 만들어진 컵이 가장 많이 사용될까?
- 컵은 왜 컵이라고 부르게 되었을까?

- 컵의 부위마다 다른 명칭이 있을까?
- 세상에서 가장 비싼, 혹은 싼 컵은 얼마일까?
- 굉장히 드물겠지만 컵을 싫어하는 사람, 좋아하는 사람은 있을까? 있다면 왜일까?
- '우승컵'처럼 컵에 특별한 의미가 담기는 경우가 있는데, 그 이유는 왜일까?

B그룹

- 컵으로 음료를 마실 때 후루룩 소리를 내면 실례일까? 그렇다면 그 이유는 왜일까?
- 이 컵을 지금 이 자리에서 떨어뜨린다면 깨진다는 보장이 있을까?
- 깨진 컵에는 가치가 없을까?
- 깨진 컵은 컵일까?
- 컵을 소중히 여긴다는 것은 어떤 뜻일까? 써야 할까, 장식해야 할까, 보관해야 할까? 무엇이 컵을 진짜로 소중히 여기는 행위일까?
- 지금 여기에 있는 컵이 정말 존재한다고 말할 수 있을까?

- 지금은 보이지 않는 컵의 바닥면이 지금 확실히 존재한다고 말할 수 있을까?
- 하얀색 컵은 암흑 속에서도 하얗다고 말할 수 있을까?
- 컵의 본질은 존재할까? 마시는 용도로 사용하는 것이 과연 컵의 본질일까? 컵이 컵이기 위한 조건은 무엇일까?

위의 질문들은 내가 이 책을 쓰면서 실제로 친구와 함께 내본 질문들이다. 물론 보통 때는 굳이 컵에 대해 생각할 일이 없다. 그래서 앞서 언급한 '질문을 자신과 상관이 있는 것처럼 생각해 보라'라는 말과는 모순될지도 모른다.

하지만 이런 질문들이 일상적으로 익숙해지면 '생각할 대상'의 범위가 넓어질 수도 있음을 보여주고 싶었다.

실제로 그 친구와 몇 시간에 걸쳐서 컵에 대한 질문으로 토론을 나누어 보니, 어느 것 하나 흥미롭지 않은 주제가 없어 우리 둘 모두 컵에 대한 애정이 생기기까지 했다.

질문하는 습관, 즉 철학하는 습관은 우리 주변의 모든 것들에 대해 고찰하고 어떤 일이든지 의문을 품게 만든다.

의문을 품는다는 것은 관심이 있다는 것과 같은 뜻이다. 좋아하는 사람을 더욱 알고 싶다고 생각하는 것과 마찬가지라 할 수 있다. 여기에서 강조하고 싶은 것은 '질문하는 능력과 습관'의 중요성이다.

상식에 사로잡히지 않고 어떤 일이든 비판적으로 의심하는 훈련을 통해서 철학 사고에 필요한 감성을 키울 수 있다. 여러분이 개인적으로 관심이 가는 주제로도 괜찮으니, 꼭 도전해 보기 바란다.

질문하는 단계

질문하는 워밍업을 마쳤다면 철학 사고의 구체적인 단계로 넘어가겠다.

STEP 1. 주제를 정한다

우선 생각하고 싶은 주제를 정하자. 특히 평소의 고민이나 살면서 혼란을 느꼈던 일이 있다면 생각할 주제로 적격이다.

예컨대 '내 인생에 대하여'라든가, '직장에서의 성공에 대하여' 같은 주제 말이다. 물론 이 상태로는 아직 단순한 키워드일 뿐이다.

본격적으로 생각에 들어가기 위해서는 이것을 질문으로 바꿀 필요가 있다.

STEP 2. 의문문으로 질문한다

'내 인생에 대하여', '직장에서의 성공에 대하여'만으로는 어떻게 생각을 시작해야 되는지 불명확하다.

무엇인가에 대하여 생각할 때에는 *그것을 왜 생각하고 싶은지, 그 주제의 어떤 면에 대해 생각하고 싶은지 하는 포인트가 반드시 있을 것이다.*

이제는 두 번째 단계로 넘어가, 그 포인트를 찾아내기 위한 첫 질문을 정하자.

반드시 의문형 문장으로 만들어야 한다.

예컨대 앞서 말한 두 가지 주제라면 다음과 같이 바꿀 수 있다.

- 내 인생에 대하여 → 인생의 의미란 무엇인가?
- 직장에서의 성공에 대하여 →성공의 기준은 무엇인가?

이렇게 질문의 초점을 좁힘으로써 무엇을 어떻게 왜 질문하는지를 자기 안에서 확고히 할 수 있다.

물론 시종일관 그 각도에서만 생각하라는 말은 아니다. 목적은 질문의 방향성을 정하고 질문의 동기를 명확히 하는 것이다. 질문을 정하는 요령은 주제나 질문의 동기에 따라 달라진다.

STEP 3. 질문을 파생시킨다

다음으로, STEP2의 질문에서 새로운 질문을 파생시킨다. 한 가지 질문 안에는 그것을 해결할 '부품'이 되는 많은 질문들이 내재되어 있다. 그 파생 질문들을 리스트로 만들어 보자. 생각을 진행시키는 과정에서 이 리스트에 넣은 질문들까지 망라해서 생각해 보게 된다.

예를 들어, 앞서 말했던 '직장에서의 성공에 대하여'를 이어서 생각해 보겠다. 이 주제를 '성공의 기준은 무엇인가?'라는 질문으로 변환하여 '타인에게 인정받는 것'이라는 답이 나왔다고 가정하자.

그러면 여기에서 다시 '타인에게 인정받는 것이란 어떤

일인가?'라는 새로운 질문이 파생된다. 여기에서 또다시 다음과 같은 질문들이 나올 수 있다.

- 여기에서 말하는 타인이란 누구인가?
- 인정받는다는 것은 어떤 일일까?
- 왜 타인에게 인정받고 싶은가?
- 인정받는다는 것은 과연 정말 좋은 일인가?

이들 모두 처음에 냈던 큰 질문을 풀기 위한 열쇠가 된다.

STEP 1 **생각하고 싶은 주제를 정한다**

예 직장에서의 성공에 대하여

STEP 2 **의문문으로 바꾼다**

예 성공의 기준은 무엇인가

→ 타인에게 인정받는 것

STEP 3 **질문을 파생시킨다**

예 타인에게 인정받는 것이란 어떤 일인가

→ 여기에서 말하는 타인이란 누구인가?

→ 인정받는다는 것은 어떤 일일까?

→ 왜 타인에게 인정받고 싶은가?

→ 인정받는다는 것은 과연 정말 좋은 일인가?

앎과 모름을 동시에 늘린다

◆

이처럼 하나를 생각하기 시작하면 이것저것 더 생각해야 할 일들이 많아진다. 그 말인즉슨 '앎'을 늘리는 일이 곧 '모름'을 늘리는 과정이 된다는 뜻이다.

왠지 아주 골치 아픈 일처럼 느껴질지도 모른다. 모름과 앎이 똑같이 늘어나는데 굳이 철학 사고란 것을 하는 의미가 있을까 싶은 사람들도 있을 것이다. 하지만 결코 그렇지 않다.

하나의 질문을 생각하기 위해 다른 질문들로 고민하는 과정 속에서 언어와 개념의 뜻이 점차 명확해진다. 이러한 단계를 거쳐 '다음 질문'에 다다랐을 때, 머릿속에는 하나의 '마일스톤'이 만들어진다.

마일스톤이란 자기 의지로 생각하고 음미한 하나하나의 질문과 말들을 가리킨다. 그것들은 질문에 대해 생각할 때 언제든지 그곳에 다시 돌아와 참고할 수 있는 도움말이 된다. 마일스톤을 되도록 많이 만들어 질문들의 관계를 돌이켜 생각함으로써, 점차 문제를 해결하고 큰 그림을 그리면서 핵심을 파고든다. 이것이야말로 철학 사고의 골자라 할 수 있다.

질문의 기술

다음으로 질문 정하는 요령에 대해 설명하겠다. 다시 앞서 말했던 컵 문제로 돌아가 보자.

질문에는 두 가지 종류가 있다

◆

앞에서 컵을 보고 생각나는 대로 질문을 떠올려 보았다. 거기에서는 질문의 종류를 크게 A와 B 그룹으로 분류했다. 다시 한번 어떤 기준으로 분류했는지 생각해 보자.

A그룹은 인터넷이나 책으로 조사하면 답을 알 수 있는 질문에 해당한다. 반면 B그룹은 꼭 그렇다고 하기는 애매한 질문들이다. 그 차이는 '검색해서 알 수 있는지', '측정해서 알 수 있는지'라 할 수 있겠다.

A그룹은 '답이 쉽게 나오는 문제'라고 할 수도 있다. 그 이유는, 그 답이 (연구나 실험 등 학술적인 논의를 거쳤다고 할지라도) 이미 옛날에 나온 정설이나 상식이 뒷받침하고 있거나, 측정하고 계량해서 알 수 있는 것이기 때문이다.

'구글에 검색해도 답이 나오지 않는 것을 철학으로 생각한다'고 앞서 말했듯이, *철학에서는 '명확한 답을 쉽사리 도출하지 못하는 문제'를 주 대상으로 삼는다.* 이 점을 꼭 기억해 두자.

그 질문에 답이 있는가

◆

명확한 답을 쉽사리 도출하지 못하는 문제. 이 표현에는 다소 신중을 기할 필요가 있다. '답이 전혀 존재하지 않는' 것도 아니고, '명확한 하나의 해답이 존재하는' 것도 아닌,

꽤나 미묘한 영역에 있다.

철학에서 다루는 질문은 답을 쉽게 도출하지 못하는 것들이지만, 답이 존재하지 않는다고 단언할 수도 없다. 애초에 그렇게 단언할 근거가 우리에게 없으니 말이다.

왜 이 이야기를 하느냐면, 'A라는 질문도 B가 될 수 있다', 'B라는 질문도 A가 될 수 있다'라고 말하고 싶기 때문이다.

우리는 궁극적인 해답이 어딘가에 있을지도 모른다는, 조금 완곡하게 표현하자면 궁극적으로는 지구 상의 전 인류가 합의할 수 있을 법한 답이 존재할지도 모른다는 생각을 전제로 질문에 대해 고민하게 된다.

그렇지만 확실한 답을 도출할 수 있다는 보장은 없다. 애당초 B그룹 같은 질문에 대해 답을 한다 해도 그것이 무조건 옳다고 누가 결정할 수 있을까? 그 누구에게도 정할 권리는 없다.

질문의 각도 바꾸기

◆

예를 들어 '에도 막부를 세운 사람은 누구인가?'는 역사적 사실에 관한 질문이지 철학적 질문이라 하기는 어렵다. 하지만 '우리는 왜 도쿠가와 이에야스에 대해 배워야 하는가?'라면 철학적 질문이 된다.

조금 비틀어서 '에도 막부를 도쿠가와 이에야스라는 사람이 세웠다는 것이 사실이라면, 애초에 사실이란 무엇인가?'라는 질문도 철학적으로 생각해 볼 여지가 있다.

이 질문들에는 '역사를 배우는 의미란 무엇인가?', '어떻게 검증된 것이어야 사실이라 불릴 만한가?'라는 의미가 담겨 있기 때문이다.

따라서 섣불리 '이 질문은 철학적이다'라든가, '이 질문은 철학적이지 않다'라고 단정지어서는 안 된다. 이처럼 질문하는 시각에 따라 철학적 질문이 될 잠재력이 있는 것들도 있기 때문이다. 실제로 대부분의 질문이 그렇다.

A그룹의 '컵은 왜 컵이라고 부르게 되었을까'를 예로 들어보자. 이 질문에 답하려면 컵의 역사를 조사해 보면 된다. '○○라는 사람이 컵이라는 이름을 만들었다'라는 역사적 경위를 알게 될 수도 있다.

이것만으로는 단순히 역사적 사실에 지나지 않는다. 그

렇지만 이렇게 바꾸어 보면 철학적 질문이 된다.

- 왜 사물이나 사람에게는 이름이 있을까?
- 이름의 정의는 무엇인가?

'세상에서 가장 비싼 컵은 얼마일까?'는 기네스북을 찾아보면 정답을 손쉽게 알아낼 수 있다는 질문이다. 이것을 철학적 질문으로 바꾸어 본다면 이렇게 변환할 수 있다.

- 사물의 가치는 어떻게 정해질까?

'우승컵'처럼 컵에 특별한 의미가 담기는 이유는 왜일까?'라면 다음과 같은 질문으로 일반화할 수 있다.

- 무언가가 어떤 것의 상징이 되거나 의미가 부여된다는 것은 어떤 일인가?

질문의 밑 작업을 할 때 이처럼 질문의 각도나 표현을 조금 바꾸기만 해도 깊이가 달라진다.

질문을 변환할 때는 세 가지 기술이 필요하다. 이 기술을 질문을 만드는 초반뿐만 아니라 생각을 진행시키는 중반 과정에서도 적절히 구사해 보자. 생각하기 전이든 생각하는 중이든 질문의 초점이 잘 맞는지, 문제 설정이 모호하지 않고 예리한지, 왜 그것을 질문하고 싶은지를 계속해서 확인해야 한다.

질문의 기술 ①
근원이나 본의를 거슬러 올라간다

◆

내가 하는 일 중에, 철학 사고를 다른 사람과 함께 진행시키는 '철학 대화'라는 활동이 있다. 철학 대화에서는 '살아 있다는 것의 의미, 사랑, 죽음, 자유, 평등, 정의, 평화란 무엇인가?' 같은 질문들을 자주 다룬다.

상당히 철학적이라고 느껴질 것이다. 하지만 '…란 무엇인가?'라고 질문하는 것, 즉 그 근원이나 의미를 거슬러 올라가 본질이나 공통적인 이해에서 생각을 시작하는 것은 가장 간편한 질문법 중 하나다.

질문의 기술 ②
선악, 가치, 당위를 묻는다

◆

이렇게 고차원적인 주제에 약간 거리감이 느껴진다면, 조금 더 친숙한 설정부터 접근해 보자. 단순히 무언가의 선악이나 가치, '…해야 한다', '…하지 말아야 한다'를 따져 보는 것도 좋다.

그러면 질문의 초점을 맞추고 생각의 물꼬를 트기 쉬워진다.

예컨대 다음과 같은 질문들이다.

- 친구는 많을수록 더 좋은 걸까?
- 업무상 인간관계는 어때야 바람직한가?
- 분위기 파악은 바람직한 일일까?
- 남들에게 민폐를 끼치지 않는다면 어떤 일을 하든 상관없을까?
- 남들과 비교하는 것은 나쁜 일인가?
- 이기적이지 않은 행위는 존재하는가?
- 사형 제도는 정당하다고 할 수 있을까?

이들 대부분은 실제로 철학 카페나 철학 대화에서 실제로 나왔던 질문들이다. 모두 다 유니크하고 적절한, 철학적으로 깊이 있는 대화를 나누기 좋은 질문들이다.

질문의 기술 ③
경험을 통해 전제와 정의를 확실히 한다

◆

친숙하고 알맞은 질문이어야 한다는 점도 중요하지만, 다음 같은 것들을 생각할 때는 약간 조심스럽게 접근해야 한다.

- 일본인은 왜 내성적일까?
- 저 사람은 왜 쉽게 욱할까?
- 왜 저출생 고령화가 진행되고 있을까?
- 왜 도쿄에 인구가 밀집될까?
- 왜 사람은 야한 것에 관심이 있을까?
- 왜 사람은 애인을 원할까?
- 비즈니스로 성공하려면 어떻게 해야 할까?

• 부하가 말을 따르게 하려면 어떻게 해야 할까?

이들도 철학 대화에서 종종 나오는 질문들이다. 철학적으로 생각하지 못할 이유는 없지만, 질문 방식에는 신중을 기해야 한다.

'일본인은 왜 내성적일까?' 이 질문에는 이미 '일본인은 내성적이다'라는 전제가 깔려 있다. 하지만 정말 그럴까? 내성적이라는 표현의 뜻도 사람마다 받아들이기 나름이다.

그렇다면 우선 내성적이라는 표현에 대해 자기 방식대로 정의를 내릴 필요가 있다.

'일본인은'에도 주의가 필요하다. 주어의 범위가 너무 크다. 옳은 답을 알아내고 싶다면 일본인들이나 일본인을 만난 적이 있는 외국인들에게 설문 조사를 돌려야 할지도 모른다. 자기 주변 사람들에게 물어보더라도 그 답은 사실상 '내 주변 사람들은 그렇게 생각하더라' 정도에만 그칠 뿐이다.

이 질문으로 이야기를 나누다 보면, '미국인은 죄의식 기반의 문화이고 일본인은 수치심 기반의 문화라서'라든가, '옛날에 일어난 어떤 사건이 계기가 되어서'라는 해석이 나오기도 한다. 이 답들도 문화론 면에서는 흥미롭지만, 그래

봐야 '추측'의 영역을 벗어나지 못한다. 진위는 가려내지 못한 채 철학 탐구는 겉핥기 선에 그치고 만다.

'왜 도쿄에 인구가 집중될까?', '왜 저출생 고령화가 진행되고 있을까?', '저 사람은 왜 쉽게 욱할까?' 같은 질문도 마찬가지다. 개인의 추측에 의존한 대답이 아니라면 철저하게 사회학이나 심리학 등 다른 수단으로 검증되어야 한다. 게다가 그 정보가 인터넷이나 책으로 찾을 수 있는 것이라면 굳이 철학적으로 생각할 필요는 없다.

이 경우에도 질문을 변환할 필요가 있다. 예를 들어 다음과 같이 바꾸어보면 어떨까.

우선 자기 경험을 통해 생각하기 좋은 질문으로 바꾸는 것, 그리고 내가 알고 있는 전제나 단어의 정의를 분명히 하여 질문하는 것이 포인트다.

- 내성적이라는 말은 어떤 뜻일까?
- 화란 무엇인가?
- 아이를 가지거나 가지지 않는 것의 의미는 무엇인가?

종종 '왜 사람은 야한 것에 관심이 있을까?', '왜 사람은 애인을 원할까?'라고 질문하는 사람들이 있다.

이러한 주제를 곰곰이 생각해 보는 것도 꽤나 즐거운 법이다. 하지만 이것들도 생물학이나 문화인류학적인 지견에 기댈 수밖에 없다면 건설적인 철학이라 하기 어렵다.

이런 경우라면 '섹스와 사랑은 어떤 관계가 있을까?'나 '법적 제도도 아닌데 왜 애인이라는 지위가 중요한가?'로 바꾸어 보면 더욱 의미 있는 질문이 될 것이다.

질문의 기술 ②처럼 가치를 판단하는 형식의 질문으로 바꾸는 것도 좋은 방법이다. '왜 중요한가?', '왜 옳은가?' 같은 형식으로 바꾸면 반대되는 대립축을 세워보거나 왜 그래야만 하는지 타당한 이유를 근거로 삼아 생각을 철학적인 방향으로 진행시킬 수 있기 때문이다.

이를테면 '비즈니스로 성공하려면 어떻게 해야 할까?', '부하가 말을 잘 듣게 하려면 어떻게 해야 할까?'는 직장인을 위한 철학 컨설팅 자리에서 아주 흔하게 나오는 질문들이다.

'왜 중요한가?', '왜 옳은가?'에 초점을 맞추어 그림처럼 바꾸면 어떨까.

비즈니스로 성공하려면 어떻게 해야 할까?

→ 왜 비즈니스로 성공하는 것이 좋은 일인가?

→ 나는 왜 성공하고 싶은가?

→ 비즈니스의 성공이 인생의 성공과 무슨 관련이 있는가?

부하 직원이 말을 따르게 하려면 어떻게 해야 할까?

→ 사람이 누군가의 말을 듣는다는 것은 어떤 일인가?

→ 그것이 바람직하다고 할 수 있는가?

자기만의 답을 찾는다

◆

즉각적으로 효과가 나타나는 방법, 구체적인 팁을 원한다면 매니지먼트나 비즈니스에 관한 책 읽기를 추천한다. 그 책들에는 바로 시도할 수 있는 다양한 대처법과 해결책이 실려 있을 것이다. 하지만 이 책의 취지는 살짝 다르다.

철학 사고를 하는 이유는 구체적인 해결책 찾기보다 앞선 단계에 있는, 우리의 가치관이나 삶의 목적 그 자체이며, 그 전제

조건이나 이유를 곱씹어 생각하거나 바꾸어 나가는 일이다. 그 후에 비로소 자신에게 맞는 구체적인 방법을 찾는 것이다.

누군가 알려주는 잔재주나 요령은 '타인이 그 사람이 처한 상황과 환경에서, 알고 보면 거기에서 밝히지 않은 다른 요인도 작용하여 어쩌다 우연히 성공한 사례 중 하나'에 불과할지도 모른다. 그것이 우리의 문제 해결에 똑같이 작용한다는 보장은 어디에도 없다.

오해를 무릅쓰고 말하자면, 철학 사고는 그것들보다 우리에게 훨씬 도움이 된다. '남들의 뻔한 가설과 성공 사례'에 편승하는 것이 아니라, 무엇보다 자기 힘으로 생각해 보는 것. 이렇게 해야 자신에게 가장 효과적인 해결책을 찾을 수 있다.

스스로 생각하고 구축한 철학은 그 누가 뭐라 해도 자기 자신의 것이다. 그렇기에 유연하고, 막히는 부분이 있다면 언제든지 바꿀 수도 있다.

우선은 질문을 정한 뒤 질문 속에 있는 대전제를 무너뜨리는 데에서부터 시작해 보자.

3장 정리

- 답보다 질문 정하는 방법이 중요하다.
- 시각을 달리하면 어떤 문제든 철학적 질문이 될 수 있다.
- 먼저 의문문으로 질문을 만들고, 거기에서 새로운 질문을 파생시킨다.
- 질문 정하는 노하우
  ① 근원과 의미를 거슬러 올라간다.
  ② 선악, 가치, 당위를 따지는 질문을 던진다.
  ③ 자기 경험을 통해 생각한다.
- 철학 사고로 자신에게 맞는 자기만의 답을 찾을 수 있다.

4장 철학 사고에 깊이를 더하는 법

가정을 통해 다른 각도의 관점에서 바라보면
생각지도 못하게 숨어 있던
전제나 아이디어를 깨달을 수 있다.

질문에 깊이 파고드는 법

이번 장에서는 3장에서 정한 질문들을 더욱 깊이 파고드는 방법을 소개한다.

구체적인 경험과 상황, 사례부터 떠올려 본다

◆

질문은 대부분의 경우 자기 경험에서 출발한다. 그 질문에 대해 생각해 보고 싶다고 느낀 계기와 구체적인 상황과 장면이 있다면 떠올려 보자. 친구와 싸운 뒤 인간관계로 고민하다 나온 질문이라면, 싸웠던 당시 모습과 상황을 떠올리면 된다. 이 방법이 효과적인 이유는 두 가지가 있다.

첫째, 앞서 예로 들었던 컵 이야기와는 달리 자기 경험을 토대로 생각할 수 있다는 점이다. 그리고 자신이 진정 알고 싶은 것이 무엇인지 생각할 수 있다.

둘째, 생각이 한참 진행되다가도 언제든지 이 경험으로 돌아와서 생각할 수 있다는, 즉 방향성과 초점이 흐트러지지 않는지 체크하는 '중심축'을 세울 수 있다.

철학자 존 듀이John Dewey는 이러한 경험을 '원초적 상황primary situation'이라 불렀다. 이는 '언제나처럼 출근길을 걸어간다'라든가, '언제나처럼 아침밥을 먹는다'처럼 단순한 루틴과는 다른 의미 있는 경험을 말한다. 예를 들어 '인생을 확 바꿀 만한 만남', '가까운 사람의 죽음', '묵과하기 어려운 부정을 목격하는 것', '해외 유학 중에 느낀 문화 충격', '애인에게 차인 경험', '생판 남에게 받은 뜻밖의 친절' 등 무엇이든 가능하다.

특별한 체험이나 기억에 남는 경험이라고도 할 수 있다. 그 상황이 어떠한 감정과 감각(경탄, 분노, 기쁨, 슬픔, 신기함)에 따라 특별한 것으로 인식되어 기억에 깊이 남은 경험 말이다.

우리에게 사고를 종용하는, 마치 '나에게 서슴없이 밀려오는 것 같은 경험'이 누구에게나 있으리라고 본다. 철학 사고는 이처럼 특수한 경험, 독특한 고민, 고뇌에서 시작한다. 그때의 상황을 떠올리면 '진정한 행복이 무엇인지 생각해 보고 싶다', '가족에 대한 고마움을 생각하고 싶다', '우정이나 사랑이 무엇인지 생각해 보고 싶다' 등 원초적인 주제에 궁금증이 생길 것이다.

이 생각을 이전 장에서 말한 것처럼 명확한 질문 형태, 즉 의문형 문장으로 만들어 보자.

이전 장에서 거친 단계를 여기에서도 반복해 보겠다.

비슷한 경험이나 반대 사례가 될 에피소드를 떠올린다

◆

원초적 상황뿐만 아니라 그것과 관련된 경험이나 비슷한 상황, 또는 반대 사례가 되는 에피소드가 있다면 그것도 도움이 된다. 예를 들어서 애인에게 차였다는 슬픈 감정에서 출발하여 '사랑에 대해 고찰하고 싶다'라는 생각이 들었다고 치자. 그렇지만 다른 사람과 헤어졌을 때에도 그랬을까? '아니, 그때는 이런 느낌이 안 들었어'라든가, '그때는 약간 다른 감정이 들었지' 싶을 수도 있다.

혹은 엄청난 부정행위를 목격했다고 가정해 보자. 하지만 곰곰이 생각해 보면 전에 비슷한 일을 봤거나 자신도 저지른 적이 있었는데, 그 당시에는 부정행위이라고 생각지 못했던 적이 있을지도 모르는 일이다.

이러한 경험이 있다면 비교해 보고 싶어지는 것이 사람의 마음이다. '왜 다르게 느껴질까?' 생각하면서 이미 있었던 사실을 관찰하거나 비교하는 것이 포인트다. 지금 떠오르는 감정과 의견, 그리고 의문을 가능한 한 많이 생각해 보자. 이들을 계속해서 되새기며 무엇을 생각하고 싶은지, 나에게 어떤 동기가 있는지를 확인하는 것에서부터 시작한다.

구체적인 상황과 사례를 머리에 떠올리고 질문을 만들었다면 다음 단계로 넘어가자. 이제까지의 단계는 3장을 발전적으로 응용하는 절차에 해당한다.

철학 사고에 깊이를 더하는 여섯 가지 방법

이제부터 본격적인 철학 사고에 들어간다. 철학 사고에서 중요한 포인트를 여섯 가지 제시할 예정이다. 순서는 중요하지 않으니, 이 포인트들을 자기 질문에 적용해 보자. 이 과정에서 다양한 아이디어와 생각이 생겨났다 사라지기를 반복할 것이다. 이것들이 반드시 철학 사고에 도움이 된다는 보장은 없지만, 저절로 마음속에 떠오르는 아이디어나 번뜩임은 원래 마음대로 통제할 수 없는 법이다. 처음에는 단편적인 생각에 의존할 수밖에 없으니 그것만으로 충분하다. 이 단상과 아이디어를 잘 요리해 보도록 하자.

하지만 이것들은 아직 어떠한 검증도 거치지 않은 단계의, 말하자면 '날것인 재료'다. 떠오른 아이디어를 곧이곧대로 써먹을 수는 없다. 썩었을지도(틀렸을지도) 모르고, 익히지 않으면(정제하지 않으면) 탈이 날지도 모르니까 말이다.

아이디어 단계란 '구름을 보고 고래 모양을 상상하기'처럼 '잡념' 수준에 지나지 않다. 이제부터 소개할 포인트 몇 가지를 거침으로써 검증하고 요리(정리)해 보자.

이 과정을 진행하면 아이디어를 신념이나 개념 수준으로 끌어올릴 수 있게 된다.

1. 정의와 의미를 묻는다.
2. 구별하고 관련 짓는다.
3. 신중하게 일반화한다.
4. 숨어 있는 전제나 이유, 판단 기준을 묻는다.
5. 사고 실험을 활용한다.
6. 사례, 반례, 유추를 활용한다.

① 정의와 의미를 묻는다
- 가족과 친구 사이에 문제가 있을 때

◆

단적으로 말해서 '…란 무엇인가?', '어떤 의미로 그 단어를 쓰는가?'를 생각하고 확인하는 작업이 가장 빠른 방법이다. 단어의 의미나 정의를 밝히는 과정이라고 부를 수 있겠다.

'정의'라고 말하기는 했지만, 사전을 뒤져볼 필요는 없다. *무엇보다 자신이 그 말을 어떻게 이해하고 있는지를 확인하는 데에서 출발하는 것이 중요하기 때문이다.*

예컨대 가족이나 친구와의 관계가 삐걱거려서 고민된다고 치자. '가족 간에 정이 없다', '나는 친구가 별로 없다' 같은 고민이 있을 것이다. 그렇다면 애당초 가족과 친구란 어떤 존재일까?

잘 생각해 보면 두루뭉술한 이미지밖에 떠오르지 않는다고 깨닫게 될지도 모른다. 혹은 법률상의 정의나 사전에 실린 뜻을 그대로 받아들이지는 않았는가. 그것은 어디까지나 절차에 필요하여 정의된, 타인이 생각한 형태 중 하나에 지나지 않는다. 그 영향을 전혀 받지 않기란 어려울지라도 우리들의 삶이 그것과 판박이처럼 똑같을 필요는 없다.

'가족이란 어떤 상황이든지 서로 도와야 하는 혈연관계다'라든가, '친구란 항상 연락을 주고받아야 하는 존재다' 같은 이미지가 나의 내면에 자리 잡고 있다는 것을 알게 될지도 모른다.

그렇다면 여기서 한번 의심해 보자. 정말 그럴까? 누군가가 한 말을 그저 의심 없이 받아들이기만 한 것은 아닐까? 자신에게는 가족과 친구가 어떤 의미로 다가오는가? 생각하면 생각할수록 암묵적인 전제와 무의식이 드러나게 된다.

② 구별하고 관련 짓는다 -부하 직원을 어떻게 대해야 할까?

◆

2장에서 '이해하다'라는 단어를 생각할 때 '분해하다'라는 단어에 대해서도 이야기했다. 무언가를 이해하기 위해서는 분해하는 것, 즉 구별하는 것이 필요하다. 그 설명을 위해 이 두 가지 단어를 구별하여 어떤 관계가 있는지 생각해 보았다. 지금부터 보여줄 것도 그와 같은 방법이다.

'부하 직원은 어떻게 대해야 하는가?'라는 질문을 예로 들어 보겠다. 이 질문에 대해서 생각하다가 '모든 부하 직원에게 평등하게 대해야 한다'라는 답을 찾아냈다고 하자. 이때 '평등'의 뜻을 생각하기 위해 비슷한 단어인 '공평'을 비교해 본다. 두 단어는 어떻게 구별되며 처음의 질문과 어떤 관련이 있을까?

- 어떤 부하 직원이든지 똑같은 시간을 보내야 한다는 뜻에서 평등하고 싶다.
- 순종적이든 반항적이든, 부하 직원에게 일관된 태도를 보여야 한다는 뜻에서 공평하고 싶다.

이 두 가지는 서로 다르다.

처음에는 같아 보였던 평등과 공평이라는 단어도 이제는 차이가 보인다. 나에게 중요한 것은 부하 직원을 향한 태도의 공평함이지 시간의 평등이 아니었다고 깨달았다면, 사고가 한 걸음 앞으로 나아갔다는 확실한 증거다.

부하 직원을 평등하게 대하지 않는 동료의 태도에 의문을 느낀 뒤(=원초적 상황) 부하 직원과의 관계가 어때야 바람직한지를 생각하게 되었다고 치자. 평등에 대해 생각하는 와중에, 반대로 '평등하지 않아도 되는 관계도 있지 않을까?' 하고 생각을 고쳐먹게 되는 일도 가능하다.

이것도 생각이 진전되었다는 뜻이다. 이럴 때는 원초적 상황에서 받은 느낌이나 현상 인식이 틀리지는 않았는지, 사고 과정에 모순점은 없었는지도 확인해 보자. 일관성을 찾다 보면 새로운 발견으로 이어지는 기회가 되기도 한다.

사실(…이다)과 가치(…이어야 한다)를 구별하는 방법도 있다. 예를 들어 '이 사람을 때리고 싶다'라는 생각이 든 것은 사실일지라도 '그 사람을 때려도 된다'라는 뜻은 아니다. 전쟁이 일어나는 것은 사실일지언정 전쟁이 일어나도 된다는 말이 아닌 것과 마찬가지다.

이는 논리의 비약이다. 이처럼 구별에 민감한 자세도 철학 사고를 진행시키는 과정에서 빼놓을 수 없다.

③ 신중하게 일반화한다
- 업무에서 성과를 내려면

◆

사고를 통해 얻은 신념과 규범이 어느 선까지 일반화 가능한지를 생각해 볼 필요도 있다.

일상 대화에서는 '한국인들은…'이라든가, '사람은…' 하고 흔하게 일반화한다. 하지만 특정 사람이나 단체에만 해당하는 성질을 마치 전체가 다 그렇다고 끼워 맞추는 생각은 안이하다. '모든 사람은 죽는다', '모든 해바라기는 꽃이다' 같은 내용이 아니라면 지극히 넓은 범위에서 일반화하기란 불가능한 일들이 대부분이다. 그러므로 얼마만큼의 확률이나 빈도로 해당되는지 확인해 볼 필요가 있다.

항상 그런지, 때때로 그런지, 가끔 그런지, 전혀 그렇지 않은지 분류해 보자.

예를 들어 '저 부하 직원은 매번 저래!' 하고 생각했다가도 '항상 그렇지는 않네'라고 깨닫게 되면 자신의 태도가 달라질지도 모른다. 이러한 깨달음에 따라서 타인을 향한 너그러움에 변화가 생기기도 한다.

'업무에서 성과를 내려면 어떻게 해야 할까?'라는 고민이 있어서 참고가 될 만한 책을 읽었다고 치자. 그럴 때 이 사고법을 적용해 보면 좋다. 그 책에 적힌 내용은 정말로 일반화할 만한 내용일까, 그렇지 않을까? 저자의 환경에서 잘 풀린 방법이 내 환경에서도 잘 통할지 신중하게 고려해야 한다.

혹은 '내가 생각하는 업무적 성공'과 '남들이 생각하는 성공'은 전혀 다른 것일지도 모른다. 자신은 성취감을 최우선으로 생각하더라도 다른 사람은 소득을 가장 큰 기준으로 두기도 하듯이, 성공의 정의는 사람마다 천차만별이다. 내 생각에 얼마만큼의 정당성이 있고 어느 범위까지 일반화할 수 있을까?

④ 숨어 있는 전제나 이유, 판단 기준을 묻는다 - 분위기 파악은 중요한가?

◆

자신의 생각과 상식, 사회적 규범에 숨어 있는 '전제 조건'을 탐색해 보자.

전제 조건이란 '당연히 …일 것이다', '…임에 틀림없다' 등 자의적인 가정에만 국한되지 않는다. '…이기 때문이다' 하는 이유나, 사물에 대한 우리의 판단 기준 그 자체일 때도 있다. 이러한 전제를 우선 언어로 표현한 뒤 의심해 본다.

예를 들어 '분위기 파악은 중요하다'라는 말을 들을 때가 있다. 이 주장에는 '남에게 무슨 일이든지 대놓고 말하는 것은 무례하다'라는 전제가 깔려 있을지도 모른다. 그것이 정말 합당하다고 말할 수 있을까? 사실이라면 어떤 말이 무례한 것이고, 그 이유는 무엇인가? 이런 식으로 판단 기준을 생각하다 보면 우리가 쓸데없이 분위기 파악을 하는 데 지나치게 신경을 써 왔다는 걸 깨닫게 될 것이다.

'사람은 매너를 지켜야 한다'라는 주장이 있다. 이 문장에 깔린 전제를 간파하기 위해 '왜 법을 지키는 것만으로는 불충분한가?', '매너를 지켜야 한다면 왜 지키지 않아도 처벌받지 않는가?'를 생각해 보면, 거기에서 힌트를 찾을 수 있다.

조금 더 예를 들어 보자. 업무에서 '이 사업 계획은 괜찮다'라는 판단은 어떤 전제나 이유가 밑바탕에 있을까? '실행 가능성이 높으니까'인가, '수익성이 좋아서'인가, '관계자들의 단결력을 끌어올릴 수 있어서'인가, 그 모든 것에 해당되기 때문인가?

만약 모든 것에 해당된다고 해도 그중에서 우선순위는 없을까? 어느 기준이 가장 적합한지, 그 이유는 무엇인지 질문하는 과정에서 암묵적인 전제나 자의적인 이유를 찾게 될 것이다. 그것을 언어로 표현해 보자.

혹은 '사람 마음을 움직이려면 어떻게 해야 좋을까?'라는 사례를 살펴볼 수도 있다. '자녀나 가르치는 학생이 생각만큼 공부에 흥미가 없다', '부하 직원이 업무에 너무 소극적이다' 등 말이다. 하지만 우리가 애초에 사람 마음을 움직이는 일이 가능하기는 할까? 혹은 정말로 그렇게 해야 합당한 것일까? 만일 사람 마음을 움직이는 일에 정당성이 있다고 한다면 그 판단 기준은 어디에 있을까? 바꾸어 말하자면, 어떨 때 사람 마음을 움직이는 일에 정당성이 있다고 할 수 있을까?

생각을 거듭하다 보면 그 사람의 선택에 맡겨야 하는 부분까지도 자신이 간섭하려 했다고 깨닫게 되는 경우가 있다. '나한테는 잘 맞았던 일이니까 다른 사람도 똑같이 할 수 있을 테고, 그렇게 해야만 해'라는 자신의 의도에 감춰진 전제를 알아차릴지도 모른다.

'이렇게 하고 싶다'에서 벗어나 그 판단 기준과 전제를 의심해 보자. 그리고 그 정당성을 생각해 보면 좋겠다.

⑤ 사고 실험을 활용한다 -지금 하는 일을 계속해야 할까?

◆

질문에 대해 가설을 세우는 것도 효과적이다.

모르는 부분이 있다면 대충 얼버무린 채로 생각을 진행시키면 된다. '만약 이렇다면 … 이렇게 될 것이다', '만약 이렇다면 어떻게 될까?' 하는 식으로 말이다.

철학에는 사고 실험이라는 것이 있다. 머리말에 쓴 '경험 기계'도 그 예시에 해당한다. 질문을 더욱 깊게 생각하기 위해 가짜 상황을 상상해 보면 큰 도움이 된다.

예컨대 '바람직한 교육'에 대해 생각한다고 치자. '만약 국가의 교육 방침이나 대학 입시에 얽매이지 않아도 된다면, 학교에서는 어떤 수업을 해야 하는가?'라는 생각을 해 볼 수 있다.

현실에서는 교육 방침이나 대학 입시에 전혀 얽매이지 않는 학교 교육은 거의 없다. 하지만 그것을 가정해 봄으로써 자신이 생각하는 교육의 참모습이 무엇인지 뚜렷하게 드러난다. 생각한다고 해서 실제로 변화가 일어나지는 않겠지만, 그 깨달음을 차차 수업에 반영하다 보면 위대한 발전으로 이어질 것이다.

일하는 보람이나 삶의 의미에 대해서 생각할 때도 마찬가지다. 하고 싶은 일이 무엇인지 못 찾겠거나, 지금 하는 일을 계속해야 하는지 망설여질 때에는 '만약 복권에 당첨돼서 1조 원이 생긴다면 직장을 그만둘 것인가?'를 생각해 보자. 이 질문이 좋은 이유는 우선 '그만둔다', '그만두지 않는다'를 선택하여 '구체적인 상황'에서 생각할 수 있다는 점이다.

이 사고 실험은 '일이란 돈을 위해서만 하는 것인가?'라는 점에 집중하여 어떤 포인트로 생각해 보아야 할지가 분명하다. 자신이 진정 하고 싶은 일은 무엇인지를 단적으로 밝혀낼 수 있다. 일이나 삶, 행복에 대해 막연하게 생각하기란 결코 쉽지 않은 법이다. 그럴 때 일단은 구체적인 상황을 가정하여 생각의 실마리를 잡아보자.

우정과 애정에 대해서 생각하고 싶을 때는 '진짜 친한 사람 하나'와 '천 명이나 되는 지인들' 중에 어느 쪽이 더 좋은지 생각해 보는 사고 실험을 통해 같은 효과를 볼 수 있다.

행위의 선악이나 윤리적 문제에 대해 생각한다면 이런 사고 실험은 어떨까? 만약 지구상에 자기 혼자만 남아도 선악이라는 개념이 존재할까? 만약 투명 인간 능력을 가진다면 악행을 저지를 것인가? 악행을 한다고 치고, 그것을 나쁘다고 판단해 줄 사람이 없더라도 나쁜 일이라 할 수 있는가?

이처럼 *가정을 통해 다른 각도의 관점에서 바라보면 생각지도 못하게 숨어 있던 전제나 아이디어를 깨달을 수 있다.*

⑥ 사례, 반례, 유추를 활용한다
- 더 성장하고 싶다면 어떻게 해야 할까?

◆

앞에서 질문에 대해 생각하기 전에 원초적 상황을 떠올

리는 것이 도움이 된다고 말했다. 이 과정에서 사례나 반례를 들어 보거나, 유추analogy를 활용하는 방법도 있다.

자기 안에 임시로 다른 인격을 만들어 보거나 다른 입장에서 생각하는 것이다. 개인 경험에만 머물러 생각하기에는 필연적으로 한계점에 부딪히기 때문이다.

예를 들어 '성장하고 싶다. 더 많은 돈을 벌고 싶다'라는 고민을 한다고 치자. 애당초 '성장'이란 무엇일까? 성장이라는 단어에는 계속해서 '확대', '확장'한다는 이미지가 있다는 생각이 언뜻 든다. 이때 유추의 일환으로 '신체의 성장'을 생각해 본다.

키가 영원히 커진다거나 체중이 한없이 늘기만 한다면, 성장이 무조건 좋다고만 하기는 어렵다. 계속 증식하다가 자멸한다는 암세포도 마찬가지다. 역시 성장(확장)이 능사가 아니라는 생각에 이르게 된다. 그렇게 되면 우리가 생각하는 성장이 단순히 '(신체나 지식의) 규모가 커지면 된다', '(기술이나 돈의) 양이 늘면 된다'가 아니라는 것을 깨닫게 된다. 이것들 말고 어떤 뜻이 있을까?

여기에서 말한 성장이란 '규모나 양의 증대'뿐만 아니라 '변화하는 것' 그 자체이지 않을까 하는 가능성을 생각해 볼 수 있다. 우리 주변 환경은 늘 변화한다. 그에 맞추어 자신을 바꾸는 것도 성장이라 할 수 있지 않을까. 물론 기술을 익힌다든가 근력을 발달시키는 것도 포함된다.

세상은 정신없이 변하고 있는데, 낡은 가치관과 지식에 얽매여 절대 바뀌지 않으려 고집부리는 사람을 '성장하지 않는 사람'이라고 평가하기도 한다. 그런 뜻에서 새로운 것을 익히기 위해, 혹은 힘든 역경을 이겨내기 위해 무언가를 잊는 것도 변화의 일종이며 성장이라고 볼 수도 있다.

예를 들어 직장을 옮겨서 이전과는 다른 기술이 필요해져, 그 능력을 열심히 키웠다고 해보자. 그러다 보니 이전에 익혔던 기술은 뒤떨어졌다. 하지만 이것 또한 퇴보나 현상 유지가 아닌 성장이지 않을까?

이처럼 성장이라는 말을 계속해서 변화한다는 의미로 받아들이면, 이제까지의 사고방식이 달라진다. 삶을 대하는 자세가 편안해지고, 기술이나 수익을 늘려야 된다는 압박으로부터 벗어나게 될지도 모른다.

이러한 검증 과정을 거쳐 얻은 신념과 개념은 더욱 굳건해질 것이다. 다만 그 또한 항상 새로운 경험에 의해 쇄신될 여지가 있다는 점, 다른 사람과의 생각 교류에 열려 있어야 한다는 점을 잊지 말자.

4장 정리

- 질문이 나온 계기(원초적인 상황)를 생각해 본다.
- 위와는 별개로 비슷한 상황을 떠올려 비교해 본다.
- 그 다음 여섯 가지 방법으로 질문을 파고든다.

  ① 정의, 의미를 묻는다.

  ② 구별하고 관련 짓는다.

  ③ 신중하게 일반화한다.

  ④ 숨어 있는 전제나 이유, 판단 기준을 묻는다.

  ⑤ 사고 실험을 활용한다.

  ⑥ 사례, 반례, 유추를 활용한다.

5장 타인과 함께하는 철학 사고

철학 대화에서는 참가자끼리의
유대감이나 가치관 공유가 중요하지 않다.
질문의 공유를 통해 각자 고민하고
타인의 생각을 받아들여 변화한다.
즉, 그곳에는 개개인의 성장만이 있을 뿐이다.

타인과 함께 생각한다

이번 장에서는 철학 사고를 다른 사람과 대화를 나누며 진행하는 철학 대화를 소개하겠다. 기본적인 마음가짐과 사고법, 심화시키는 방법은 철학 사고와 크게 다르지 않다.

그런데도 굳이 철학 대화를 새롭게 소개하는 이유는 자기 혼자서 생각하는 데에는 한계가 있기 때문이다. 타인을 상대할 때를 생각해 보자. 생각지도 못한 발상이나 유니크한 의견을 듣고 놀라 자기 생각이 바뀌는 일도 일상다반사다. 이처럼 남들과 생각을 나누어야 생각을 더 건설적인 방향으로 발전시킬 수 있는 법이다.

그리고 이 발전을 흔한 일상적 잡담 속에서 느끼는 것이 아니라 대담을 통해 적극적으로 경험하는 자리를 일부러 마련하는 것이 철학 대화다.

이때 무엇보다 중요한 것은 타인과 함께 생각하는 과정이다.

오롯이 혼자 힘으로 생각하기란 결단코 쉬운 일이 아니다. 중도에 포기하기 쉬워 끈기가 필요한 일이라는 점은 이미 많은 사람들이 알 것이다.

누군가와 함께 생각하면 서로 질문을 나누면서 더 깊이 생각하고 싶다는 원동력이 생긴다. 타인이 나를 바라보는 시선을 받아들이고 자기 자신을 새롭게 마주하고 싶다는 느낌이 들 수도 있다.

고독 속에서 생각하기, 타인과 함께 생각하기

◆

4장까지는 줄곧 '혼자 힘으로 생각하는 것'에 중점을 두고 설명했다. 물리적으로나 정신적으로나 사람이 항상 타인과 함께 있지는 않기 때문이다. 게다가 혼자 고독하게 생각함으로써 자신의 내면을 더욱 올곧게 마주할 수 있다.

한편 혼자서는 생각지도 않았던 측면이나 생각을 남들이 짚어줘서 깜짝 놀라는 경우도 있다. 혼자 힘으로는 떠올리지 못한 아이디어를 제안받기도 한다. 이러한 이점이 철학 사고에서 대화를 활용하는 큰 이유다.

물론 고독한 생각이 결코 소극적인 행위는 아니다. 『예루살렘의 아이히만』을 쓴 저자 한나 아렌트Hannah Arendt는 고독과 고립을 다르게 보았다. 고독은 단순한 외로움이나 타인과 단절되어 사회로부터 외면당하는 고립과는 다르다. *고독이란 반대로 자기 내면을 마주하고 생각하기 위해 '자신이 자신과 함께 있는 것'을 뜻한다.*

타인과 함께 있을 때 우리는 자기 자신보다는 타인에게 집중한다. 이때 자신은 군중 속의 일원에 지나지 않는다. 때로는 그 안에 묻혀 있다는 안락함, 그리고 자기 자신과 마주하지 않아도 된다는 편안함을 느끼기도 한다. 때로는 외로움이 싫어서 적극적으로 그 상태를 선호하기도 한다. 힘든 일로부터 도망치기 위해 계속 친구들과 함께 있으려 할 때가 그렇다.

타인과 있을 때 우리는 고독해질 수 없다. 고독이 중요한 이유는 자신이 스스로와 마주하지 않고서는 얻을 수 없는 통찰과 아이디어가 그 속에 있기 때문이다.

더불어 사고란 본래 고독을 원형으로 한다. 사람도 세상도, 저마다가 하나의 다면체 같은 존재다. 타인(외부)의 시선에서 보지 않으면 모르는 부분도 있거니와 자신(내면)이 보아야만 아는 면도 있다. 각도(보는 사람)에 따라 다르게 보이기도 한다.

그러나 어느 측면이든 사람이나 세상 그 자체라는 점에는 차이가 없다. 그리고 내면이나 중심부에서 바라볼 수 있는 존재는 자기 자신뿐이다. 그러므로 무엇보다 먼저 고독하게 생각해 보는 일이 사고의 원형이 된다. 타인의 의견을 듣고 변화, 즉 성장하는 것도 우선 자신이라는 축에 살을 붙여 나가는 작업이 있은 후에야 가능한 일이다.

흔히 타인에 대한 존중심을 가져야 한다는 말이 이 세상의 도리라고들 한다. 그러나 존중이라는 행위도 원래 개개인이 자기 머리로 생각할 줄 아는 존재라는 자율성이 있을 때 성립되는 법이다. 즉 철학 대화란, 철학 사고를 소화할 줄 아는 사람들이 해야 더욱 건설적으로 이루어지기 마련이다.

철학 사고를 한 사람이 완전하게 소화해 내는 것부터가 그리 간단한 일이 아니다. 그렇다면 철학 대화를 통해 서서히 철학 사고를 익혀 나가는 방법도 추천한다. 타인의 도움을 빌려 생각의 즐거움을 접해볼 수 있도록 이끄는 것이 바로 이제부터 소개할 철학 대화의 힘이다.

철학 대화의 기원

철학 대화의 기원은 크게 세 가지로 나뉜다. 중간중간 언급해 왔지만 여기에서 다시 한번 정리해 보겠다.

첫 번째는 프랑스에서 시작된 철학 카페이다.

두 번째는 독일에서 생겨나고 발전한 (네오) 소크라테스 대화법이다.

마지막으로 미국에서 발전한 '아이와 함께하는 철학'이다. 모두 20세기에 시작되어 현재까지 세계 각국의 여러 지역에서 저마다 독자적으로 발전을 이룩했다.

철학 카페

◆

철학 카페의 창시자로는 프랑스의 마크 소테Marc Sautet라는 철학자가 알려져 있다. 그는 원래 철학 카운슬링이라 불리는 일대일 철학 대화의 실천자였다. 클라이언트의 고민이나 문제에 대해 철학적으로 파고드는 접근법이다.

철학 카운슬링을 토대로 한 철학 카페 활동은 삽시간에 널리 퍼져, 카페에서 한 손에 커피를 들고 열띤 철학 담론을 나누는 활동이 20세기 말에는 그 나름대로 인기를 끌었다. 일본에서도 현재는 수백 곳에 달하는 철학 카페가 정기적으로 운영되고 있다.

철학 카페의 특징은 그 다양성에 있다. 마크 소테는 비교적 엄격한 탐구와 진행 원칙을 두었던 모양이지만, 지금은 틀에 박힌 방법이나 방침 없이 주최자에 따라 다양한 형태로 운영되고 있다. 명화나 그림책을 보면서 대화하는 곳, 철학책에 나온 구절을 읽고 토론하는 곳 등 각양각색의 유형이 존재한다. 자기 취향에 맞게 참가할 수 있다는 자유성이 장점이다.

철학 카페는 다른 두 가지와는 달리 명확하게 교육 목적으로 만들어지지 않았다. 그렇지만 기원이 된 나라가 프랑스이니만큼 사회 교육, 시민 교육 역할을 맡아왔다고도 할 수 있다. (원래 프랑스는 중등 교육에 철학을 가르치는 전통이 있을 만큼 철학에 친숙한 나라다. 대학 입학 자격시험 바칼로레아에서도 철학이 필수다.)

이는 모인 사람들끼리 이름도 출신도 밝히지 않고 대화를 나누는 것이 기본이던 철학 카페의 특징이다. 원래 철학 카페는 이름도 사회적 지위도 밝히지 않는 것이 기본 문화였다. 이러한 정보 때문에 누군가가 위축되거나 특정인의 발언에 권위가 부여되지 않도록 하기 위함이다.

신분도 이름도 밝히지 않은 채 오로지 질문의 공유만으로 순수하게 대화하고 탐구하는 시간. 우리가 민주 사회의 시민으로 존재하기 위한 교육적 기능이기도 하다.

소크라테스 대화법

◆

소크라테스 대화법(네오 소크라테스 대화법이라고도 한다)은

20세기 초 독일 철학자 레오나르드 넬슨Leonard Nelson에 의해 정치 교육 목적으로 고안되었다. 그 후 그의 제자들에 의해 재구성을 거쳐 계속 개량되었다. 다소 딱딱하고 엄격한 절차에 따라, 때로는 일주일 이상의 기간을 두고 철학 대화를 나누는 것이 특징이다.

소크라테스 대화법은 아래와 같은 절차에 따라 이루어진다.

우선 주제나 질문을 정한다. 참가자들이 질문에 대한 답을 생각할 때 참고나 도움이 될 만한 구체적인 사례를 모으면, 그중에서 좋은 예를 딱 하나 뽑는다. 원초적 상황을 뽑는다고 생각하면 쉽다.

예를 들어 '상식이란 무엇인가?'라는 질문에 대해 생각한다고 하자. '학교에 특이한 옷을 입고 갔다가 상식이 없다고 선생님한테 혼이 나서 기분이 나빴던 경험' 등, 질문과 관련된 구체적인 경험에 대해 써본다. 그 경험을 분석하면서 갖가지 전제 조건이나 이유에 대해 하나하나 꼼꼼히 검토해 나간다. 거기에서부터 서서히 추상적인 추론으로 옮겨 간다. 이 부분은 3장, 4장에서 언급한 과정들에 해당한다.

추상적인 추론으로 옮겨 가다가도 항상 구체적인 사례, 즉 원초적 상황으로 돌아와서 생각한다. 앞서 말했듯이 상세한 상황을 곁들여 생각하고 비교하는 것이 철학 사고에서는 매우 큰 도움이 되기 때문이다. '상식'이 주제라면 '상식이란 …이다'라는 문장 형식으로 하나의 답을 완성시키는 것을 최종 목표로 한다. (종종 문장이 길어지기도 한다.)

소크라테스 대화법에서 가장 흥미로운 점은 참가자 전원의 합의가 없다면 앞으로 나아가지 못한다는 규칙이 있다는 것이다. 예를 들어 최종 답이 되는 문장을 만들 때 한 사람이라도 납득이 가지 않는다고 지적하면 그 답은 채택되지 못한다. 철저하게 모두가 납득할 때까지 끈질기게 논의할 필요가 있다.

이처럼 소크라테스 대화법은 구체적인 목표나 합의점 형성이 관건이기 때문에 아주 엄격하게 철학 대화가 이루어지게 된다. 실제로는 진입 장벽이 높다 보니 규칙을 간소화해서 응용하기도 한다.

아이와 함께하는 철학

◆

아이를 위한 철학, 아이와 함께하는 철학(P4C/어린이 철학이라고도 한다)은 20세기 후반에 미국의 매튜 립먼Matthew Lipman이라는 철학자가 시작했다. 흔히 말하는 '비판적 사고' 교육 실천의 중요성이 주목받기 시작한 시기와도 겹친다. 립먼 본인이 대학교 신입생들을 보고 '사고력 결여'를 통감한 뒤 이 방법을 고안했다는 말이 있다.

이러한 배경도 있어서인지 그의 저서는 논리적 사고나 비판적 사고에 중점을 둔다. 또한 교육 목적으로 만들어졌기 때문에 교사(진행자)가 철학 탐구를 유도하기 위한 중책을 맡을 필요가 있다.

립먼은 당시의 학교 교육이 아이들의 경험이나 실생활과 따로 떨어져 있다는 점을 통렬히 비판했다. 그는 철학적인 사고에서 교육의 본질을 찾아내고자 했다. 그래서 그가 교재로 만든 소설을 읽고 질문을 던져 대화함으로써 생각을 발전시킨다는 커리큘럼이 탄생했다. 립먼은 교실을 단순히 교사의 강의를 듣는 공간이 아니라 '탐구하는 커뮤니티'로 변모시키려 했다. 이것이 곧 '아이와 함께하는 철학'

의 중심 이념이 되었다.

립먼의 실천과 이론은 지금 다양한 형태로 응용되어 세계 각국의 풍토와 교육 실정에 적합한 형태로 널리 퍼지게 되었다.

세 가지 철학 실천법은 이처럼 배경과 방법이 서로 다르다. 하지만 모두 다 철학 사고를 대화로써 진행시킨다는 면에서 공통점이 있다.

철학 대화의 장

철학 대화에는 다양한 스타일이 있지만, 모두 '평소에는 그다지 말할 일 없던 것들을 자유롭고 느긋하게 철학적으로 생각해 보는 대화'라는 점에서 교집합이 있다.

어떤 형태든지 이러한 기본 이념이 처음부터 정확한 말로 표현되어 있어야 한다는 점, 그리고 세심한 공간 설계가 무엇보다 중요하다. 철학 대화를 열 때 반드시 알아두었으면 하는 것들을 이제부터 설명하겠다.

원을 만든다

◆

실제 공간 설계에 대한 이야기부터 해보겠다.

먼저 가능한 한 동그란 모양으로 자리를 배치한다. 원 모양이 되면 '일등석'이 생기지 않는다. 참가자 전원이 대등하다는 사실을 시각적 · 공간적으로 명확하게 알려주기 위하여, 되도록 찌그러짐 없는 원 모양으로 배치하는 것이 중요하다.

배제되어 참가하기 꺼려하는 사람을 조금이라도 줄이기 위해서다. 견학자나 관찰자 같은 심리 상태를 만들지 않겠다는 의도도 있다.

사람과 사람 사이의 거리가 너무 멀어지지 않도록 주의한다. 거리가 떨어져 있으면 목소리가 잘 전달되지 않기도 하고 대화를 나눌 때 어려움이 생긴다. 게다가 무엇보다 간격이 벌어진 만큼 거기에서 그 자리의 분위기가 서먹해지고 힘없이 느껴진다. 간격이 멀면 멀수록 하나의 커뮤니티라는 인식이 희미해진다. 형식적으로 참석은 하고 있으나 능동적으로 참가하고 있다는 감각이 들지 않는 것이다.

의자는 있든 없든 상관없지만 책상은 없는 편이 바람직하다. 책상도 사람과 사람 사이의 거리를 무의식중에 멀게 느껴지도록 만든다. 책상이 있으면 어떻게 해도 대각선에 있는 사람과의 단절감이나 심리적 거리감을 느끼게 한다. 그러면 마음이 충분히 열리지 않고 마치 대립된 입장에 선 듯한 기분이 들 가능성이 있다.

자유로워야 한다

◆

이제부터는 '정신적인 공간 설계'에 대한 이야기다. 철학 사고와 마찬가지로 철학 대화에서도 자유가 무엇보다 중요한 키워드다.

우리는 늘 갖가지 목적에 얽매여 살아간다. 직장에서 성과를 내야 하고 시험에서는 높은 점수를 따야 하는 데다, 자격증, 대학 입시, 취업 활동 등에 얽매여 있다. 이 목적들에는 대개 이론이나 정공법이 존재하고, 효과적으로 달성하기 위한 절차도 마련되어 있다. 이것들 말고 삶에 직접적으로 도움이 되지 않는 일은 나중으로 미루기 십상이다.

그러다 보니 누구나 '행복이란 무엇인가?', '성공이란 무엇인가?' 하는 물음이 중요하다는 것을 알면서도 제대로 마주하지 못한다. 분주한 일상 속에서 '삶이란 무엇인가?'처럼 긴 시간을 두고 고민해야 하는 것들까지 생각할 틈이 없다. 직장 일이나 학교 공부 같은 단기적 목표 달성에는 쓸모가 없기 때문이다.

문제는 이뿐만이 아니다. 대화 상대가 누구든지 애초에 이러한 화제로 말한다는 것 자체가 겸연쩍은 기분이 들기 마련이다. 진지한 이야기를 꺼냈다가 냉소적인 시선을 받는 경우도 종종 있다.

이 화제들이 정치적 대립을 불러일으키기도 한다. 타인의 핵심적인 생각에서 '사형 제도에 반대', '복지 국가적 정책에 찬성' 같은 개인의 가치관이 나타나기 때문이다. 가치관의 불일치가 수면 위로 드러나면 인간관계에 지장이 생기는 경우마저 있다.

이따금 우리는 심각한 대립을 불러오거나 이미지에 손상을 입는 것을 피하기 위해 일부러 허울뿐인 대화나 표면적인 잡담에 그치려 한다. 그러면 자유롭고 활발한 사고는 당연히 억압될 수밖에 없다. 때로는 처세술도 필요하다. 하지만 철학을 할 때, 우리는 반드시 진정함을 추구하고 대화해야만 한다.

리얼함을 추구한다

◆

진정함이라는 표현에는 두 가지 의미가 담겨 있다.

첫 번째 의미는 '리얼함'이다. 현실적이라는 뜻보다는 우리 인생에서 정말 중요하고 무게감이 있는 것을 말한다. 무언가에 대해 생각하고 싶다는 마음을 강렬하게 자극하는 것이 바로 진정함이다.

두 번째 의미는 '진실한 것'이다. 즉, 거짓이나 위선이 없고, 사실과 경험에 기초한 것을 말한다. 진정함은 우리가 끊임없이 사고하고 대화함으로써 자아내는 것이다. 이 세상 어딘가에 존재하는 유일하고 절대적인 진리를 밝혀내는 것이 아니다. 오히려 반대로 우리들 스스로의 힘으로 만들어 내는 편이 바람직하다. 즉 진정함이란 마냥 기다리기만 한다고 주어지지도 않고, 우리와 관련 없는 곳에 동떨어져 존재하지 않는다.

단, 어떤 것이든 우리가 그렇다고 생각하면 모두 진정한 것이 될 수 있다는 뜻도 아니다. 우리가 진정하다고 느끼니까 다른 사람에게도 절실하고 중요한 문제여야 한다든가, 우리가 그렇게 생각했으니 진실이라고 우길 수는 없는 노

릇이다.

어떤 생각이든지 어디까지나 잠정적이다. 그 진정함은 항상 새로운 관점과 비판에 열려 있어야 한다. 신중한 논의를 통해 나온 결론이라도, 언젠가 다양한 사람들과 미래의 자신을 통해 비판받고 다시 구성됨으로써 새로워질 여지가 있기 때문이다.

안심하고 발언할 수 있는 분위기를 형성한다

◆

진정함을 향한 열정과 자유가 중요하기는 하나, 그렇다고 어떤 것이든 입에 담아도 된다는 뜻은 아니다. 누구나가 과부족 없이 자유를 실감하고 행사하기 위해서는 '안전'도 중요하기 때문이다.

여기서 말하는 안전이란 자기 발언 때문에 바보 취급 당하거나 비난받지 않을 안전성이다. 철학 대화에서는 '남을 비난하고 비방하는 말은 절대 하지 않는다'라는 규칙을 정해 두기도 한다.

'이런 말을 하면 비웃음을 사지 않을까?', '틀린 말을 했다고 면박을 당하지는 않을까?' 하고 생각하는 사람이 있다면 진정함을 추구하지 못하기 때문이다.

물론 남들 의견에 반대하거나 반론하는 것은 모욕이나 비방과 다르다. 이것을 구별하기란 실제로는 상당히 어려운 일이다. 의견의 모순을 지적당하여 공격받았다고 느낀 경험은 사람이라면 누구에게나 있을 것이다.

모욕이나 차별적 발언은 논외로 치더라도, 반론까지 허용하지 않는다면 진정한 것에 대한 생각은 불가능해진다.

"저는 조금 다르게 받아들였어요. 왜냐하면 이렇게 생각했거든요." 하고 이유를 붙여서 설명하거나, "무슨 말씀인지는 알겠지만 정말 그럴까요? 예를 들어 이런 경우도 있지 않을까요?" 하고 반례나 참가자 전원에게 일반적인 물음으로 제시하는 이러한 방법이라면 마땅히 환영받아야 한다. 이는 화법의 문제라고도 할 수 있다. 반론과 비방의 구별이 어렵다고 해서 반론을 금지해서는 안 된다. 반론은 '주장'이라기보다는 결국 그 의견의 타당성을 묻기 위한 질문이기 때문이다.

깊은 대화를 나누려면 이러한 질문을 빼놓을 수 없다. 실제로 구별하기는 어렵더라도 구별할 필요성을 미리 참가자들에게 알려 두는 편이 좋다.

가치관 통일을 위한 자리가 아니다

◆

철학 대화는 진정함을 향한 사랑과 대화의 규칙을 공유하는 것 이외에는, 완전히 서로 다른 개인들끼리 참가하는 자리다. 오로지 질문의 공유만으로 성립되는 커뮤니티라고도 할 수 있다. 그래서 일치단결이나 특정 가치관 공유는 목적이 될 수 없다.

언젠가 '이성과 감정은 어떤 관계일까?' 하는 주제로 대화를 나눈 적이 있었다. 참가한 사람들은 몇 번쯤 함께 대화를 해본 구면이었다. 참가자 중 한 사람이 이성을 잃어본 경험을 구체적으로 이야기했는데, 그 내용이 다분히 폭력적이라 모두 적지 않은 충격을 받았다.

구면이라고는 해도 진행자 입장에서 이 모임의 분위기가 어떻게 될지 걱정이 이만저만이 아니었다. 그 충격 때문에 누구 하나 선뜻 말을 꺼내기 어려워지지는 않았을지, 혹은 나쁜 짓이라고 손가락질 하거나 '신경 쓰지 말고 잊어 버려!' 하는 반응으로 일관하지는 않을지 하고 염려되었기 때문이다.

하지만 직후 어떤 사람이 뜻밖의 말을 던졌다. "그게 정말로 이성을 잃었다고 할 수 있을까요? 사람이 완전히 이성을 잃는다는 것이 가능한 일이라고 생각하시나요?"

그 말을 들은 나는 이 모임의 성숙함에 감탄했다. 처음 발언했던 사람도 그 말을 듣고 곰곰이 생각에 빠지더니, 그 물음을 계기로 '인간이란 무엇인가?'라는 진지한 논의를 이어 나갔다.

철학 대화에서는 참가자끼리의 유대감이나 가치관 공유가 중요하지 않다. 질문의 공유를 통해 각자 고민하고 타인의 생각을 받아들여 변화한다. 즉, 그곳에는 개개인의 성장만이 있을 뿐이다.

한편 철학 대화로 생겨난 커뮤니티 그 자체로도 아주 큰 의의를 가진다. 특정 문화나 전제 조건, 취미를 공유하지 않더라도 서로 생각과 대화를 나눌 수 있는 커뮤니티라는 점이 중요하다.

과정에 참가한다

◆

실질적인 가치를 공유하기 위해 형성되는 커뮤니티는 크게는 '국가'부터 작게는 '취미 동호회'까지 다양한 형태로 존재한다. 하지만 구성원 모두가 의사 결정이나 중대한 대화에 낄 기회는 그리 많지 않다.

보통 사회에서 이루어지는 대부분의 일들은 자신과 관계가 없는 곳에서 결정되고 진행된다. 그런 일에는 관심이 가지 않기 마련이다. 정치나 경제 같은 것들도 자신에게 직접 관련되어 있다는 실감이 들지 않는 한 좀처럼 흥미를 붙이기 어렵다.

정말 무언가에 관련되어 관심을 가지려면 자신과 관련되어 있거나 자신이 소속되어 있거나 참가하고 있다는 감각이 필요하다. 반면 철학 대화에서는 그러한 소속감을 느끼기 쉬운 편이다. 적은 인원끼리 동그랗게 둘러앉아서 서로 생각해 보고 싶은 것에 대해 질문하는 자리인 데다가, 자유로운 견해와 다양한 참가 방식이 인정되기 때문이다.

대화 결과는 어디까지나 부차적인 문제다. 만약 처음과 같은 결론에 다다랐다고 해도 전과 다른 사고의 과정을 거쳤다면 그 속에서 전에 없던 발견이나 새로운 이해가 있었을 것이다. 실제로 같은 질문을 거듭 생각하더라도 사고 과정은 그때마다 달라진다. 아무리 사소해도 매번 새로운 아이디어가 탄생한다. 바둑이나 장기에서 같은 상대와 여러 번 대국하더라도 판박이처럼 똑같은 순서나 전개로 진행되지 않는 것과 마찬가지다.

철학 대화에서 같은 질문을 같은 멤버끼리 여러 번 생각해도 완전히 같은 결론이나 사고 과정을 반복하는 일은 거의 없다. 어떤 방식으로 참가하든 자신이 커뮤니티의 일원으로서 질문을 공유하고 변화 과정에 참가한다는 느낌을 받을 수 있다는 것. 이것이야말로 철학 대화의 묘미다.

철학 대화가 '대화'여야 하는 의미

◆

철학 대화는 토론이 아니다.

토론에서는 주장의 그럴듯함을 겨룬다. '듯함'이라는 부분이 포인트다. 토론은 얼마나 진정한지가 아니라 얼마나 그럴듯한가에 따라 상대의 입을 다물게 하거나 승패를 가려내기 때문이다.

하지만 철학 대화는 승패를 겨루지도 않고 누가 제일 유익한 발언을 했는지 따지지도 않는다. 단지 진정한 것을 알고 싶다는 마음 외에는 목적이 없다. 그것만 알 수 있다면 나머지는 전원이 그 자리에 있기만 하면 된다. 즉 자기 나름대로의 방법으로 참가하기만 하면 되는 셈이다.

그렇다고는 하나, 대화라는 단어는 뉘앙스가 상당히 모호하다. '이종교 간 대화'라든가 '한미 대화' 등 공적인 자리에서 종종 쓰이기도 하고, 실제로는 약간 막연한 이미지가 있다. 잠시 이 대화라는 단어에 주목해 보자.

대화는 회화와 다르다. 이 차이를 염두에 두고 말하고 싶은 점이 두 가지 있다.

우선 첫 번째, 회화는 대부분 단순히 정보 전달이 목적이며 흔히 말하는 잡담에 가깝다. 하지만 철학 대화는 단순한 잡담과는 다르다.

립먼은 회화conversation와 대화dialogue를 비교해서 '회화는 안정을 수반하는 반면 대화는 불안을 수반한다'라고 했다. 회화를 한다고 해서 앞으로 진전되는 일은 없다. 하지만 대화는 앞으로 나아가기 위해 불안정한 상태를 의식적으로 유지하는 행위다. 대화에서 나오는 논리는 반론으로 이어진다. 반론은 기존의 논리를 넘어서고, 그에 따라 기존의 논리도 반론을 뛰어넘는 수준까지 끌어올려지는 셈이다.

즉, 대화는 회화와 달리 전진과 해결로 향하는 '방향성'을 가지고 있다. 회화는 꼭 해결해야 하는 문제나 목적을 염두에 두지 않기 때문이다.

또한 *대화는 특정한 주제를 의식의 중심에 두고 진행된다는* 점도 중요한 차이점이다. 그렇기에 안이하게 다 아는 것 같은 느낌에 만족하고 말기보다는 *잘 모르겠다는 생각이 대화의 기본 태도인 편이 낫다.* 모를 때는 모른다고 당당히 말해도 된다. 오히려 그렇게 해야 대화에 진전이 생긴다.

두 번째로, *대화는 의견 교환이나 의견 나열이 아니다.*

대화는 영어로 다이얼로그dialogue다. 접두사인 'dia'는 '두 가지'라는 의미를 가리킨다. 대화의 한자 중 '대(對)'와 똑같다. 모놀로그monologue, 즉 혼자mono 말하는 것이 아니라는 뜻이다. 반드시 상대와 함께 언어로써 교류해야 한다.

회의나 잡담도 언뜻 여럿이 모여 이야기를 나누는 것처

럼 보이기는 하지만, 실제로는 저마다 그저 일방적으로 자기 말만 하는 경우가 있다. 이처럼 의견 나열에 그친다면 거기에 몇 사람이 있든지 모놀로그에 지나지 않는다. 그런 뜻에서 서로를 더욱 깊게 이해하고 공유된 질문을 말로 표현하는 '앎의 경험'을 한다는 점이야말로 대화의 증거다.

혹은 '안다고 생각했지만 모른다', '왠지 더 아리송한 느낌이 든다'라는 느낌도 진정성 있는 교류를 했다는 증거라 할 수 있다.

철학 대화의 마음가짐

마지막으로 철학 대화를 할 때의 마음가짐과 원칙에 대해 말하고 싶다.

말하기보다 듣기, 듣기보다 경청하기

◆

'다른 사람이 하는 말을 잘 듣자'라니, 너무나 식상한 표현이다. 이 말을 들으면 오히려 경청이 거북하게 느껴지기까지 한다. 그럼에도 불구하고 내가 철학 대화의 진행자를 맡을 때는 언제나 이 말을 누차 강조한다.

우리는 남들이 하는 말을 정확하게 듣지 않는다. 철학 대화를 하더라도 남의 말을 끝까지 듣지 않고 끊으려 하거나 다른 사람의 주장을 자기 마음대로 곡해하는 사람들이 있다. 이야기를 들어야 하는 진행자마저 말하는 사람의 의도나 주장을 오해하는 일도 빈번하게 일어난다.

우리 사회에서는 남들을 선동하거나 관리하려 드는 무의미한 말들이 넘쳐난다. 남을 배려하자, 매너를 지키자, 선생님 말씀을 잘 듣자, 환경을 소중히 여기자 등 이래라저래라 하는 말들이 표어처럼 반복될수록 무게감을 잃고, 급기야 단순한 '소음'처럼 들릴 지경이다. 겉핥기식 말들이 넘쳐나는 환경에서는 무의식중에 듣고 싶지 않다는 마음이 생겨 귀를 닫게 된다.

충분히 이해가 간다. 귀에 들리는 모든 말들을 진중하게 받아들이려 하기란 상당히 고된 일이다. 그러나 그 이전에, 그렇게 귀를 닫고 싶어질 정도로 '말' 자체가 가볍게 소비되고 있다는 데 문제가 있다.

국회 청문회, TV 광고, 호객 행위, 고위급 인사의 연설, 이달의 목표, 학교 조회나 회사의 아침 회의… 공허하고 형식적인 말들을 지루하게 듣고 있자면 말 그 자체가 가볍게 느껴져 무심코 흘려듣게 된다. 이윽고 이것은 일종의 자기 방어로 발전한다. 리얼리티도 논리도 부족한 말들이기에 단순한 설교로밖에 느껴지지 않기 때문이다.

철학 대화는 그런 의미에서 아주 큰 도전이다. 무관심한 태도에서 벗어나 *주의 깊게 경청할* 필요가 있기 때문이다.

경청이란 지극히 세련된 행위다. 경청해 주는 사람이 있을 때 우리는 안심하고 말할 수 있다. *말하는 사람이 다소 정리되지 않은 말을 늘어놓더라도 듣는 사람이 어떻게든 이해하려 애쓰는 것이 경청이다. 그런 의미에서 듣기란 말하기보다 어려운 일이다.* 이러한 경청의 상호작용이야말로 철학 대화를 가능케 하는 원동력이다.

철학 대화에서는 커뮤니케이션이 잡담이 활발히 일어난다고 앞서 말했다. 그러기 위해서는 말꼬리를 잡으며 이어지는 '촉발'로 대화를 진행하지 않도록 주의할 필요가 있다.

일상적인 잡담에서는 꼬리에 꼬리를 물며 말하는 경우가 자주 있다.

예를 들어 "어제 테니스 쳤어."라는 말을 듣고 "테니스

하니까 생각났는데, 저번에 그 테니스 선수가….” 하고 화제를 전환하는 것은 극히 일상적인 일이다.

그러나 철학 대화에서는 하나의 개념과 논제에 지속적으로 초점을 맞춘다. 논점에서 잠시 벗어났다가 돌아오는 것도 필요하지만, 그 방향성을 계속해서 자각하고 있어야 한다는 점이 중요하다.

단어 하나나 말꼬리만 잡고 이야기를 이어나가면 대화가 잡담에 가까워지고 논점이 흐트러져 이도저도 아니게 되는 경우도 드물지 않다. 그러니 누군가가 말을 시작했다면 끊지 말고 마칠 때까지 기다릴 줄 알아야 한다. 불현듯 말을 꺼내고 싶어지더라도 그럴 때야말로 자제심을 발휘하여 일단은 경청하도록 주의를 기울이자.

대답하기보다 반응하기, 그리고 질문하기

◆

앞서 듣는 것이 중요하다고 말해왔는데, 이제는 한걸음 더 나아가 ‘질문’에도 주목해 보자.

질문은 경청을 전제로 한다. 상대의 주장에 귀를 기울이지 않는다면 그에 대한 질문도 나오지 못하기 때문이다. 거꾸로 말해서, 귀 기울여 듣고 상대와 문제에 관심이 생겼다면 질문은 저절로 나오게 된다.

하지만 질문은 때때로 자기 방어를 위해서 이용되기도 한다. 자신이 주목받고 싶지 않을 때, 질문을 던짐으로써 상대 쪽으로 주의를 돌릴 수 있기 때문이다.

혹은 단순히 부정하기 위해 이용되기도 한다. "정말 그럴까요?"라는 질문은 '그렇지 않다'라는 뜻에서 나오는 경우도 많다. 그러나 철학 대화에서 질문은 자기 방어나 부정할 목적으로 이용되어서는 안 된다.

질문을 주고받기 어렵다면 타인의 발언에 응답한다는 자세도 중요하다. 서로 질문하기가 철학 대화의 핵심이지만, 쉽지 않을 때도 있다. 처음 보는 사람에게 질문을 하기가 왠지 부끄럽다든가, 어떤 질문을 해야 좋을지 좀처럼 떠오르지 않을 수도 있다.

이럴 때는 질문이 아닌 호응이라는 행위로 바꾸어 생각해 보자. "같은 이유에서 저도 그렇게 생각합니다."라든가, "예를 들자면 이런 것 말이죠." 하는 식이다. 때로는 고개를

끄덕거리거나 맞장구 치는 행동도 호응으로 충분한 효과를 발휘한다. 호응은 질문과는 다르지만 역시 경청의 증거이며 그것을 상대에게 보여 주는 행위의 일종이기 때문이다.

이처럼 형식적인 대답에 그치지 않고 적극적인 호응을 보이는 것, 흘려듣지 않고 경청하는 것, 그리고 질문을 던지는 주체적인 행위가 철학 대화를 완성한다.

자기 경험에 따라 자기 언어로 생각한다

◆

철학자의 명언이나 타인의 경험, 통계 자료, 설문 조사가 도움이 될 때도 있지만, 철학 대화를 할 때는 웬만하면 자기 경험을 토대로 자기 언어로 말하도록 하자. 그 자리에 함께 있는 다른 참가자들의 경험만 고려하거나 검증되지 않은 것들로 대화를 나눠도 철학 대화로서는 그리 건설적이라 하기 어려우니 말이다.

자기 스스로의 힘으로, 때로는 고독하게 생각하는 것이 무엇보다 중요하다는 점은 이미 앞서 말한 바 있다.

타인의 의견이나 말을 거르지 않고 그대로 받아들인 결

과를 온전히 자기 생각이라고 보기 어렵다.

그러나 타인의 말을 듣고 자기 나름대로 소화해서 생각한 후에 자기 의견으로 수렴한다면 상황은 다르다. 그것은 그 자리에 있는 모두가 함께 머리를 맞대고 생각한 철학 대화의 성과라 할 수 있다. 꼭 인용하고 싶은 지식이나 철학자의 사상이 있다면 반드시 모두가 알 수 있도록 설명해 주어야 한다. 설명하지 못하겠다면 그 지식을 알고 있다고 하기 어렵다.

아는 사람들끼리만 아는 언어나 지식을 쓴다면 그렇지 않은 사람을 소외시키기도 한다. 누군가를 소외시키는 것은 철학 대화의 이념에 어긋난다. 어떤 사람의 의견이든 유용할 가능성이 있기 때문이다.

합의나 결론에 이르지 않아도 된다

◆

철학 대화에서 합의나 결론은 꼭 필요한 것이 아니다.

궁극적으로는 거기에 다다를지도 모른다는 자세로 탐구를 진행하는 일은 유의미하다. 그러나 합의나 결론에 달하는 것만이 철학 대화의 목적은 아니다.

거듭 말하지만 철학 대화는 토론이 아니다. 철학 대화의 질문이 될 만한 근본적인 주제는 어떤 것이든 동서고금의 철학자들이 몇천 년이나 되는 세월에 걸쳐 생각해 온 질문들과 원리 면에서 겹치는 것들이 대부분이다. 고작 한 시간 안에 합의점을 찾지 못하는 것은 당연지사다.

다만 합의할 수 있는 부분이 있다면 어디까지인지, 합의할 수 없다면 어떤 점이 문제인지 알아보는 일에는 큰 의미가 있다. '만약 결론이 있다면'이라고 가정하면서 논의를 진행시키는 방식도 가능하다.

중요한 점은 합의나 결론에 도달한는 결과가 아니라 대화의 과정이다.

답답한 마음을 가지고 돌아간다

◆

예정된 종료 시간이 오면 대화를 끝내자. 아직 여력이 있거나 더 말하고 싶은 마음이 들더라도 말이다. '대충 알 것 같다'라면서 후련함을 느끼기보다는, '잘 모르겠어'라는 답답한 마음을 안고 돌아가는 편이 낫다.

어정쩡하게 알 것 같은 마음으로 끝나는 것보다 '더 알고 싶다', '이 부분은 이해가 잘 가지 않는다' 싶어야 기억에 오래 남아 우리를 움직이는 원동력이 되기 때문이다.

이 답답함은 때로는 마음 한구석에 응어리처럼 남고는 한다. 이것이야말로 철학 대화의 묘미라 할 수 있겠다.

이 응어리는 결코 찜찜한 것이 아니다. 생각의 응어리를 계속 품고 있으면 세상에 대한 관심과 흥미, 새로운 사고로 이어지는 실마리, 동기 부여가 된다. 이 응어리야말로 인생의 질문과 호기심의 정체이며 추진력이다.

철학 대화를 나누고 돌아가는 길에, 귀가 후 목욕을 하면서, 혹은 며칠 후, 몇 달 후, 몇 년 후에, 어느 날 문득 그 질문이 눈을 뜰 때가 있다. 반면 안이하게 얼추 이해한 것 같다며 넘겨 버리면 미지의 모험을 떠날 기회는 금세 사라지고 말 것이다.

억지로 발언하지 않아도 된다

◆

철학 대화에서는 남을 비난하거나 모욕하지 않는다는 조건하에서라면 어떤 말이든 자유롭게 발언해도 된다는 원칙이 있다. 살다 보면 인간관계를 신경 쓰느라 하지 않은 말, 미움받을지도 모른다는 걱정에 꺼내지 못한 말들이 무수히 많다. 그러나 어떤 말이든 자유롭게 할 수 없다면 철학 대화는 애초에 성립되지 못한다.

여기에서는 사회나 학교에서 일반적으로 옳다고 여겨지는 가치관이나 논리를 대변할 필요도, 허세를 부릴 필요도 전혀 없다. 오히려 그러한 고정관념을 나서서 의심해 보고 대항해 보는 것이 철학 대화와 철학 사고의 본질이다.

반대로 억지로 발언할 필요도 없다. 듣기만 해도 된다. 발언보다 '깊게 생각하는 것'이 중요하기 때문이다. 생각이 목적이므로 발언은 어디까지나 부차적인 문제다. 발언하지 않는다고 생각하지 않는 것은 아니기 때문이다.

때로는 진행자가 발언해 보라고 제안하기도 한다. 그럴 때조차 억지로 말할 필요는 없다. 그 시간을 때우기 위해 아무렇게나 내뱉는 진정성 없는 말은 치명적인 단점으로 돌아온다.

회의나 수업에서는 말을 많이 할수록 적극적인 참가자로 평가받기 쉽다. 그러나 철학 대화에서는 그렇지 않다. '준비되어 있지 않다', '아직 생각 중이다', '아직 주제가 잘 이해되지 않는다'라고 느낀다면 가령 그 자리에 있는 모두가 침묵을 지키고 있더라도 전혀 문제없다. 오히려 침묵은 모두가 필사적으로 생각 중이라는 증거일지도 모른다.

좀처럼 말을 꺼내기 어렵거나 생각이 막혀 말이 나오지 않을 때도 있다. 그럴 때 진행자는 참가자들이 정말 생각에 빠져서 침묵하는 것인지, 별다른 생각 없이 침묵하는 것인지 분간할 필요가 있다. 아주 어려운 판단이지만 후자라고 생각될 때는 다른 관점에서 생각해 보라고 주의를 환기하자.

반대로 심사숙고하기 위해 모두가 입을 다물고 있는 상황이라면 준비가 될 때까지 기다리기만 하면 된다. 성급히 대화를 이끌어낼 필요는 절대로 없다.

내가 철학 대화의 진행자를 맡을 때에도 2~3분의 침묵은 일상다반사다. 5분이 넘게 기다린 적도 있다. 그럴 때에는 '때로는 침묵도 중요하다', '분위기가 어색하다고 느낄 필요는 전혀 없다'라고 알려주며 마음 놓고 침묵을 지키도록 돕는다. 그러면 생각 거리가 놀랄 만큼 빨리 정리되어 참신한 아이디어가 나오는 경우도 자주 일어난다.

침묵은 잠시 자신의 내면과 마주하거나 이제까지의 논점을 느긋하게 검토하는 데 도움이 된다. 때로는 논의가 과열되어 대화의 속도를 따라가기 벅차다는 참가자도 있다. 그럴 때는 차라리 진행자가 조금 생각할 시간을 마련하여 의도적으로 침묵의 시간을 가지는 것도 효과적이다.

이처럼 침묵이란 철학 대화에서 의외로 중요한 역할을 한다.

커뮤니티 볼

◆

그럼에도 여전히 말을 꺼내기 어렵다고 느끼는 참가자나 좀처럼 말문을 트기 어려워하는 학생들도 적지 않다. 우리는 평소에 자기 생각을 남 앞에서 말하는 것에 대해 거부감이 있다. 익숙하지 않은 탓에 철학 대화 자리가 원활하게 돌아가지 못하는 것은 어찌 보면 당연한 일이다.

이럴 때는 '커뮤니티 볼'이 유용한 수단이 된다. 커뮤니티 볼은 하와이에서 발전한 '아이와 함께하는 철학'에서 쓰이는 도구 중 하나로, 털실로 된 부드러운 공이다. 다른 물건 중에 던지고 받기 쉬운 것이 있다면 그것을 대신 써도 괜찮다.

우선 원칙적으로 커뮤니티 볼을 들고 있는 사람만 발언권이 있다. 진행자도 예외가 아니지만, 철학 대화를 이제 막 시작한 초기 단계에는 진행자는 공이 없어도 다소간의 개입을 해도 된다.

공을 든 사람이 말을 마친 뒤 만약 손을 든 사람이 있다면 그 사람에게 공을 준다. 손을 든 사람이 없다면 누구든지 다른 사람에게 공을 건넬 권리가 있다.

당연히 억지로 말하지 않아도 된다는 대원칙이 있으니, 발언할 의사가 없는데 공을 받은 사람은 패스를 선언할 수 있다. 그럴 때는 누구든지 또 다른 사람에게 공을 건네면 된다.

커뮤니티 볼에는 세 가지 장점이 있다.

① 지금 말하는 사람이 누구인지 명확해진다

지금 어떤 사람이 말할 차례인지 시각적으로 알 수 있으니 여러 사람이 동시에 말을 꺼내는 것을 막고 한 사람이 너무 길게 말하는 것도 억제하는 효과가 있다.

무엇보다 누군가가 말할 때 중간에 끊지 않고 끝까지 말할 수 있도록 돕는 효과도 있어서 상상 이상으로 대화의 질을 높여 준다.

② 우연히 공이 온 것을 계기로 말을 꺼낼 수 있다

적극적으로 손을 들고 말하기 부끄러워하는 집단 속에서는 이 작은 털실 공이 가진 힘이 결코 작지 않다.

나서서 손을 들고 말할 용기는 없지만 공이 온 것이 구실이 되어 말을 꺼낼 수 있다. 이 효과는 어린이뿐만 아니라 오히려 어른 집단에서 크게 발휘된다.

또한 언제든지 그 공을 포기할 자유도 있으니 '그럼 조금만 말해볼까?' 하는 묘한 의욕을 만들어낸다.

③ 안심하고 말할 수 있다

남들 앞에서 말할 때 아무리 애써도 '멋쩍어서 어떻게 해야 할지 모르겠다', '다른 사람을 쳐다보고 말하기가 어렵다', '남들이 나를 쳐다보는 것이 부끄럽다'라고 느낄 때가 있다. 그럴 때 공을 내려다보면서 편하게 말할 수 있는 데다, 남들의 시선도 거기에 집중되기 때문에 편안하게 발언할 수 있다. 게다가 신기하게도 부드러운 공을 만지면서 말하는 데에서 오는 심리적 안정감도 느껴진다.

상황을 보고 진행자의 판단에 따라 이러한 도구 사용도 고려해 보자.

철학 대화의 진행자와 그 역할

철학 대화에는 퍼실리테이터facilitator라는 진행자가 있으며 일반적으로 수업, 강연, 회의 등에서 일방적인 지식을 전달하는 것이 아니라 참가자들의 이해나 합의를 유도하거나 작업과 협력이 활발해지도록 서포트하는 역할을 맡는다.

진행자는 적극적으로 의견을 내거나 대화 내용에 간섭하지도 않는다. 대화가 건설적인 방향으로 흘러가고 있는지 확인하고 논의를 활발하게 만드는 보조자 역할에 충실해야 한다.

진행자의 역할 중 대부분은 철학 사고를 진행시키는 과

정과도 겹치는데, 철학 대화로 치자면 다음과 같다.

역할① 철학 대화의 원칙과 마음가짐에 대해 설명한다

◆

먼저 진행자는 앞서 말했듯이 철학 대화의 원칙과 마음가짐을 설명한다. 그리고 이 마인드셋이 참가자들에게 모두 공유되었는지 신중하게 살핀다. 참가자가 철학 대화의 의미와 규칙을 제대로 이해했느냐 아니냐에 따라 대화의 성패가 결정된다고 해도 과언이 아니다.

만일 충분히 이해되지 않았거나 규칙이 지켜지지 않는다면 참가자에게 적절히 주의를 줄 필요가 있다. 이것이 철학 대화에서 가장 중요한 '공간 설계'에 해당한다.

역할② 논의를 정리한다

◆

진행자가 이제까지 나온 논점과 의견을 다시 종합하여,

적당한 때에 논의가 나아갈 방향성을 명확히 밝혀주면 좋다. 여기에서 말하는 논의란 의견을 내세워 싸우게 한다는 의미가 아니다.

'철학적으로 나누는 대화의 방향성'이라는 뜻이다.

이제까지 어떤 문제가 거론되었는지, 지금 무슨 이야기가 나오고 있는지를 정리해 보도록 하자. 이렇게 하면 논의의 전체적인 그림이 그려지고 발언 간의 관련성, 다음에 생각해봄직한 논점이 있다면 무엇인지 파악하기 쉬워진다.

이미 나온 발언 속에서 아직 충분히 파헤치지 못한 것이 있다면 그것에 대해서 생각해 보라고 제안해도 된다.

혹은 대화를 유도하기 위해 필요하다고 생각되는 논점을 직접 제안해 보는 방법도 좋을 것이다.

역할③ 발언을 관련 짓는다

◆

서로 모순된 생각이나 주장이 있다면 "그 점에 대해 어떻게 생각하면 좋을까요?" 질문하는 것도 추천한다. 또한 전에 나온 말과 비슷한 발언이 나왔다면 그 두 가지가 같은

지 다른지, 다르다면 어디가 다른지 묻도록 하자.

이는 참가자들의 발언이 단순한 나열에 그치는 것을 피하기 위함이다. 의견을 서로 관련짓는다는 것은 비교이자 의견의 위치를 명확히 하는 행위다. 본래 의미란 비교를 통해 도출되는 법이다. 만약 의도나 내용이 불분명해서 왜 나왔는지 애매한 발언이 있다면 이제까지의 발언과 어떤 관계가 있는지 참가자에게 확인하는 것도 좋다.

역할④ 질문한다

◆

주장, 논거, 단어의 뜻 등이 모호한 발언이 있다면 그 의미를 설명해 달라고 요구하거나 구체적인 사례를 알려달라고 물어본다. 또한 논의 중에 특정 주장에 의견이 쏠렸을 때는 일부러 정반대의 주장을 내거나 반대 사례를 생각해 보라고 제안하는 방법도 있다. 논의가 막혀서 활기를 잃었을 때 대화를 다시 진전시키는 것도 진행자의 임무다.

의견이 나올 만큼 다 나왔다는 판단이 들 때는 남들의 의견을 듣고 '자기 주장이 바뀌었는지 아닌지', '바뀌지 않았다면 왜 그랬는지' 물어도 된다.

역할⑤ 논의의 방향성을 유지한다

◆

논의의 내용 그 자체에 간섭하거나 특정 방향성으로 유도한다는 뜻이 아니다. 대화가 단순한 추측에 그치거나 질문과 무관한 잡담에 빠졌을 때 논의의 방향성을 원래대로 되돌린다는 뜻이다.

지금 나온 이야기가 질문과 어떤 관련이 있는지, 왜 그 화제를 꺼내게 되었는지를 항상 자각하도록 일깨워 주자. 충분히 한 가지 논점에 대해 음미했다면 "그럼 이제 다시 처음에 했던 질문으로 돌아가봅시다.", "다음 논점으로 넘어가 볼까요?" 하고 제안하는 것도 효과적이다.

역할⑥ 시간 관리와 마무리

◆

제한 시간을 설정하고 시간이 다 되면 적당한 때에 마무

리짓는다. 이것도 진행자의 중요한 역할이다. 개인적으로는 한 시간 정도부터 길어야 두 시간 정도가 적절하다고 본다.

대화를 마치기 전 몇십 분 정도는 '메타 다이얼로그'를 진행하는 것도 좋다. 메타 다이얼로그란 '대화에 대한 대화'다. 서로 감상을 주고받거나 대화의 진행 방식에 대한 의견, 혹은 더 생각하고 싶었던 점이나 불분명했던 점 등을 공유해 보자.

이 시간은 참가자들에게 좋은 회고의 기회가 된다. 또한 진행자는 앞으로 대화를 어떻게 진행해야 좋을지 도움말을 얻을 수 있다. 게다가 발언 기회가 적었던 사람에게 말할 기회를 준다는 장점도 있다. 그렇게 하면 대화 참가율도 수월하게 높일 수 있다.

회고를 통해 대화 내용은 물론이거니와 대화 절차에도 주의를 기울일 수 있다. 철학 대화에서는 언어나 개념뿐만 아니라 사고와 대화를 진행시키는 방법 자체에도 반성적인 태도가 필요하다.

메타 다이얼로그 자리에서는 진행자도 직접 대화 진행 방법이 어땠는지 감상을 나누면 참가자들에게 무척 유익하다. 누구보다 대화 절차에 가장 많은 신경을 쏟는 사람이 바로 진행자이기 때문이다.

마지막으로, 이제까지 한 설명과는 완전히 상반되는 말을 해야만 한다. 가장 바람직한 철학 대화의 형태는 진행자가 없어도 자연스레 깊은 논의가 가능한 대화, 참가자들끼리 알아서 진행자 역할을 내재화한 채 흘러가는 대화이기 때문이다.

진행자는 어디까지나 보조적인 역할이다. 없어도 된다면 더할 나위가 없다. 진행자가 그저 참가자 중 한 명으로 녹아들 수 있다는 말은, 참가자 모두가 철학 대화의 절차를 숙지하고 있다는 뜻이기 때문이다. 이것이야말로 철학 사고를 펼치는 태도와 타인에 대한 경의를 고루 갖춘 성숙한 철학 대화라 할 수 있다.

5장 정리

- 철학 대화란 타인과 철학 사고를 함께 하는 것이다.
- 먼저 가능한 한 동그랗게 원을 만든다.
- 비난이나 비방은 금물이지만 반론은 환영한다. 최종적으로 가치관이 일치하지 않아도 된다.
- 대화가 깊어지는 과정에 참가하는 경험 자체가 중요하다.
- 마음가짐을 공유한다.
    - 말하기보다 듣는다.
    - 대답보다 질문을 한다.
    - 자기 경험을 자기 언어로 말한다.
    - 결론은 내지 않아도 된다.
    - 답답함을 안고 돌아간다.
    - 억지로 말하지 않아도 된다.

6장 세계는 철학을 사용하고 있다

철학은 어떤 것이든지
암묵적 전제를 인정하지 않는다.
세상의 문제화는 자기 생각에 감춰진
전제와 고집스러운 편견을 벗겨내는 일이다.

철학 실천, 사회 속 철학 사고

언젠가부터 나는 철학을 보다 일반적 · 실천적으로 알리는 운동인 '철학 실천'에 참여 중이다.

철학 실천에는 철학 카운슬링, 철학 컨설팅, 철학 코칭, 철학 카페, 철학 워크, 아이와 함께하는 철학, 소크라테스 대화법 등 아주 다양한 방법들이 있다.

모두 교육, 비즈니스, 의료, 스포츠 등 다양한 분야에서 일상적으로 철학을 도입하는 활동들이다. 어떤 철학 실천이든지 이 책에서 소개한 철학 사고를 응용한다.

해외에서는 박사 학위자나 학회 공인 철학 실천 전문가라 불리는 사람들이 다수 활약 중이다. 다양한 현장에서 활용되는 철학의 중요성은 이미 세계적으로 인정받는 추세다.

철학 교육

5장에서 소개한 철학 대화는 넓게 말하자면 '생각하는 시민'을 위한 교육이자, 철학을 알리는 사회 교육의 장이기도 하다. 또한 고민이나 마음의 상처를 안고 있는 사람들이 자신을 다시 돌아보고 자존감을 회복하는 치유나 회복탄력성을 위한 현장이라고도 할 수 있다.

사실 교육에서 철학적인 태도와 사고가 중요해진 것은 극히 최근에 생긴 일이다. 시대의 변화와 함께 지금까지의 주입식 교육이 비판받았고, 능동적 학습을 위한 교육으로 전환할 필요성이 대두된 것이 하나의 계기였다.

일본의 교육 방침도 아동 청소년의 주체성과 사고력을 중시하고 대화를 통해 깊이 있는 학습을 유도하는 형태로 개정되었다.

미국의 철학 대화

◆

미국에서는 이러한 시류를 마치 예상이라도 한 것처럼 '아이를 위한·아이와 함께하는 철학Philosophy for/with Children'이 1970년부터 활발해지기 시작했다.

철학적 사고력을 기르는 교육으로 한때는 미국 전역에서 이 프로그램이 도입되었다. 지금은 서구권 여러 나라들은 물론이고 동아시아, 오세아니아, 중동, 남미, 아프리카 일부 지역에서도 이루어질 만큼 활동과 연구를 계속해 왔다.

예를 들어 내가 연구를 위해 체류했던 하와이주에는 '필로소퍼 인 레지던스Philosopher-in-Residence', 즉 교내 철학자를 둔 학교가 존재했다. 심리 카운슬러나 보건 교사처럼 철학 사고를 알려주기 위한 철학자들이 교내에서 근무하는 것이다.

그들은 수업에서 철학 대화를 도와주거나 각 과목에 철학 사고를 도입하는 역할을 맡는다. 때로는 교내 철학자로서 학생들의 고민을 철학적으로 들어주는 등, 교사들과는 다른 입장에서 아이들을 바라보고 학교를 살피는 일도 가능하다.

철학 대화에 의해 학교 전체가 변화를 이룬 사례도 있다. 하와이에 카일루아 고등학교라는 공립 학교가 있다. 보통 사람들에게는 하와이 하면 풍부한 자연, 온화한 기후라는 막연한 이미지만 있을지도 모른다.

그러나 이 학교는 90년대 말에 걸쳐서 학교 폭력과 마약 등의 사건으로 골머리를 앓아, 때때로 경찰까지 출동하는 이른바 '문제아 소굴'이었다.

사회적 요인도 적지 않다. 하와이에도 미국의 근본적 사회 문제인 경제 격차나 빈곤 문제가 널리 퍼져 있다. 또한 동양과 서양의 중간에 위치한 하와이의 지리적 · 역사적 배경 탓에 실로 다양한 출신의 사람들이 섞여 산다. 그러다 보니 가정 폭력이나 가난한 형편, 인종 차별, 다민족 사이의 불화와 몰이해에 고통받는 학생들도 많아, 교육에 난항을 겪는 학교가 생겨나는 것도 따지고 보면 필연적인 일이었다.

그러던 중 2000년대 초반에 사회적 정의를 배우고 다문화 상호 이해를 돕기 위한 수업이 열렸고, 그 중심축을 '아이와 함께하는 철학'이 맡고 있었다.

프로그램을 진행하는 동안 다양한 문제로 애를 먹었지만, 상호 이해와 원초적 질문을 중심으로 진행되는 철학 대화 활동 덕에 서서히 학교 전체에 변화가 생겼다.

당연한 말이지만 철학은 마법이 아니다. 학교가 어느 날 갑자기 짠 하고 바뀌는 일은 불가능한 법이다. 여러 해에 걸쳐 진득하게 대화하고 학생들의 상호 이해나 심리적 문제에 다가간 노력 덕택에, 이 학교 교사들이 하와이 최고의 교사로 선정되거나 달라이 라마가 시찰을 하러 올 정도로 좋은 학교로 바뀌어갔다.

시간이 지난 뒤 이제는 학생들이 교사에게 먼저 철학 대화를 가르쳐주거나 다른 학교로 철학 대화를 알려주러 가는 활동으로 발전했다. 지금은 이 문화가 완전히 정착되어 최근에는 철학 카페 활동까지 시작했다고 한다.

일본의 철학 대화

◆

신기하게도 내가 강사로 있는 고등학교에서도 비슷한 현상이 일어나고 있다.

어떤 학교는 심지어 '회생 불가능한 문제 학교' 취급을 받아왔다. 실제로 학생들과 이야기를 나누어보면 등교 거부나 따돌림, 가난, 부모와의 불화, 교내 계급 문제 등으로 고민하는 학생들이 적지 않았다.

학생들은 때때로 철학 대화 현장에서 이러한 자신의 경험에 대해 솔직하게 말을 꺼내놓는다. 대화를 갓 시작했던 1학기 때나 참가한 지 1년 차인 학생은 학교나 사회에 대한 불만과 푸념만 늘어놓기도 한다.

그러나 철학 대화는 단순히 곤란한 사정과 고민을 토로하는 것만으로는 끝나지 않는다. 선배들이나 졸업생, 진행자와 함께 철학 사고에 참여하다 보면 서서히 '말하기' 수준에만 그치지 않게 된다. 논리정연하게 설명하고 이치에 맞게 생각하며 표현할 수 있게 된다. 그리고 무엇보다 문제점이 어디에 있는지를 파악하는 힘이 생긴다. 그런 변화가 눈에 보이게 되는 것이다. 문제를 직접적으로 해결한다기보다 우선 문제를 파악하고 그것을 바라보는 시각을 바꿈으로써 자신에게 필요한 질문이 무엇인지 발견할 수 있게 된다. '내가 느낀 의문점을 이런 질문으로 바꿀 수 있구나' 하고 깨닫는다. 생각하는 과정 속에서 원래 했던 고민과 문제를 다루는 법, 생각하는 법을 체득하게 되는 셈이다.

나도 이러한 활동을 계속하면서 문제 학교란 어른들이 정해놓은 '양질의 교육'을 실현하기 힘든 곳이라는 뜻에 지나지 않는다는 것, 또한 그것이 어디까지나 세간이 보는 이름표에 불과하다는 것을 잘 알게 되었다. 철학 대화에서 보이는 그들의 자세에 '문제' 같은 것은 하나도 없었고, 그저 활기찬 아이들이었기 때문이다.

철학 대화는 아이들이 떠안고 있는 문제의 근원이나 인간관계의 고민에도 파고들 수 있다.

반복해서 강조하지만, 철학 대화도 마법은 아니기 때문에 문제를 그 자리에서 직접적으로 해결해주지는 못한다.

그럼에도 철학 대화에 참여함으로써 "나다운 모습을 찾을 수 있어요.", "여기가 내가 있을 자리라고 느껴요."라는 학생들의 감상을 자주 듣는다. 철학 대화가 앞서 말한 여러 가지 '스킬' 육성에 기여할 뿐만 아니라 중요한 '장소'로서의 기능까지 해내는 셈이다.

게다가 '철학 대화가 좋아서 참여한다'라기보다는 '철학 대화에 참여하는 것이 자연스럽게 느껴진다'라든가 '내 본질적인 부분이라고 느낀다'라는 반응이 더욱 흥미로웠다. 취미로라도 습득해야 하는 기술(교육)이 아니라 마치 호흡처럼 자연스럽게 마음에 따른다는 느낌이다.

철학 대화 같은 자리가 없었기에 '내가 너무 이상한 생각만 하는 것 아닐까?' 하며 자신을 억압해 왔다는 학생들도 상당수 있었다. 이러한 아이들 입장에서 보면 철학 대화를 통해 얻을 수 있는 장점은 무한대에 가깝다.

'내가 어떤 사람인지 확실히 인식했다', '내 삶에 중요한 것이 무엇인지 알았다', '하고 싶은 일을 찾았다', '진로를 확실히 정했다', '남들의 생각을 존중할 줄 알게 되었다', '친구가 생겼다' 등, 모두 실제로 학생들에게서 들은 뿌듯한 감상이다.

하와이의 카일루아 고등학교처럼 학교 전체가 바뀌었다고 하기에는 아직 시기상조다. 하지만 이 의견들을 듣고 철학 대화가 학생들 삶의 일부가 되어 가는 모습을 때때로 엿보게 되었다고는 할 수 있지 않을까.

철학 대화를 도입한 학교는 아직 그리 많지 않지만, 전국 각지에 실천자들이 있다. 수업, 동아리 활동, 방과 후 활동 등 여러 방식으로 이루어지는 중이다. 요즘 일본에서는 도덕이 필수 교과목으로 추가되어, 초등학교와 중학교에서는 도덕 교육의 일환으로 철학이 도입된 사례도 많아졌다. 그뿐만 아니라 국어나 영어는 물론이고, 과학이나 수학 등 이과 과목에도 충분히 응용이 가능하다.

학교 교육 차원에서 스스로의 힘으로 생각하고 표현하며 대화하는 힘을 길러주어야 한다는 요구 자체는 그리 어색하게 들리지 않는다. 교육 현장에서는 과목을 막론하고 사고력과 언어표현력의 필요성이 강조되어 왔기 때문이다.

게다가 철학이라고 하면 막연하기는 해도 왠지 중요해 보인다는 이미지가 있다는 점도 교육계에 작용했을 것이다. 그런데 놀랍게도 철학적인 사고력과 지식의 수요는 이제 교육 업계에 국한된 것이 아니다.

철학과 비즈니스

최근 몇 년 동안 나는 크로스필로소피즈라는 주식회사를 지인들과 함께 설립하여 기업 대상으로 철학 사고를 활용한 컨설팅을 해왔다.

철학을 이용한 컨설팅이라고 하면 어떤 곳인지 짐작하기 어려울지도 모르겠다. 우리는 철학적 지견과 사고를 토대로 기업 내의 크고 작은 문제와 인간관계를 살펴보거나, 회사의 미션과 비전을 만드는 일을 하고 있다.

철학 컨설팅은 해외에서는 상당한 실적이 있지만 아직까지 널리 알려져 있지는 않다.

그런데 나는 이 분야에 몸담고 활동하면서 비즈니스 최전선에 있는 사람들 대다수가 철학을 필요로 한다는 확신이 매일매일 강해진다. 철학을 접목한 사내 연수 프로그램이나 문제 해결 방식을 제안할 때마다 클라이언트 대부분이 "바로 이런 사고법이 필요했습니다!"라고 절실한 마음을 담아 말해주었기 때문이다.

"철학책이나 대학 강의는 어려워 보이지만, 철학에는 전부터 관심이 있었다."라는 직장인들의 말을 자주 듣고는 한다. 또한 철학 대화를 하고 난 뒤 "전에는 회사에서 절대 쓰지 않았을 사고법이었지만, 시점을 바꾸거나 새로운 아이디어를 내기 쉬워졌다.", "동료나 부하 직원, 상사의 가치관이나 관점을 알게 되어 인간관계와 소통 방식이 편해졌다."라는 의견도 있었다.

서양에는 '철학 실천자', '철학 컨설턴트'라 불리는 철학 전문가들이 상당수 활약 중이다. 기업에서도 철학의 힘을 필요로 하는 시대에 돌입했다고 볼 수 있다.

CEO가 아닌 CPO라는 특이한 직책을 둔 해외 기업도 있다. CPO란 Chief Philosophy Officer, 즉 최고 철학

경영자라고 할 수 있겠다. 눈코 뜰 새 없이 바쁜 경영자나 현장 사원들 입장에서 한 걸음 뒤로 물러나, 전체를 살펴보고 적절한 조언과 관리를 하는 자리다.

애플과 구글은 왜 철학자를 고용했을까

◆

실제로 구글과 애플 등 초대형 IT 기업은 풀타임으로 근무하는 철학자를 고용한다. 그들은 '인 하우스 필로소퍼'라 불리는 기업의 전업 철학자에 해당한다. 처음은 나도 무척이나 놀랐지만, 생각해 보면 부자연스러운 일도 아니다.

많은 업무가 AI에 대체되어, 단순히 시킨 일만 하거나 물건을 생산하기만 하면 되는 시대에 한계가 보이기 시작했기 때문이다.

인생과 가치관이 다양화된 현대에는 비즈니스를 할 때도 답이 없는 문제를 다루는 스킬을 빼놓을 수 없게 되었다. 타사와의 차별화를 꾀하고 자사의 유니크한 세계관을 구축하여 독자적인 비전을 표현할 필요가 있기 때문이다.

이때 단순히 상품이나 서비스를 파는 정도에 그치지 않고 세계관과 콘셉트, 비전을 파는 것이 키포인트다. 그럴 때 철학자의 관점이 도움이 된다는 것은 그리 어색한 일이 아니다. 철학자의 능력은 이익을 창출하는 사업성과 사회적 책임을 결부시키려 할 때에도 빛을 발한다.

일반적인 컨설팅이라면 기업에 생긴 문제에 데이터를 토대로 직접적인 해결책을 제시할 것이다. 그러나 철학 컨설팅은 다르다. 철학 컨설턴트들이 활용하는 도구는 데이터가 아닌 질문, 논리, 이유다. 그에 따라 시장에서 어떤 것이 효과적인지 간파할 뿐만 아니라 그것이 진정한 의미로 정당화될 수 있는지까지도 내다본다.

애플

예를 들어 애플의 경우는 어떨까? 애플에서는 고명한 정치 철학자 조슈아 코헨Joshua Cohen이 풀타임으로 고용되어 큰 화제를 모았다.

그가 고용된 것은 '애플 유니버시티'라는 자사 독자적인 연수기관이다. 즉 그의 공헌은 엔지니어링처럼 직접적인 상품 개발에 도움이 되는 기술은 아니다. 그가 지닌 정치 철학적 지견이 직접적인 매출과 이어지리라는 보장은 없다.

그럼에도 여전히 흥미로운 점은 애플 같은 세계적인 IT 기업이 민주주의 이론을 전문 분야로 삼는 정치 철학자를 고용했다는 사실이다. 여기에서 애플의 야망과 이념, 전략이 엿보인다.

그가 애플에서 실제로 어떠한 일을 하고 있는지는 엄중한 보안 때문에 잘 알려져 있지 않다. 하지만 그가 애플에 고용되었다는 의미는 쉽게 상상이 가능하다.

세계를 선도하는 기업에서도 사업의 핵심이 되는 비전과 마케팅 전략을 수립할 때 철학적 지견과 사고법이 불가결하다는 것. 그리고 사원들에게도 이러한 교육을 시킬 만큼 중요시한다는 점이다.

구글

구글에서는 데이먼 호로비츠Damon Horowitz 라는 철학자가 재직했을 때 큰 화제를 낳았다. 코헨과 대조적으로 그는 인지와 언어에 관한 철학의 전문가다. IT 기업으로서 구글의 이미지에 적합한 인물이라 할 수 있다.

호로비츠도 기업 내 철학자로서 다양한 관점을 회사에

도입하는 큰 역할을 했다.

"만약 우리가 기술이라는 렌즈를 통해서만 세상을 본다면 언어에 의미를 부여하는 등 수많은 중요한 일들을 놓쳤을 것이다."라고 그는 말한다. 그는 구글이라는 IT 기업에 있으면서도 구글로 인해 세상을 보는 시야가 일원화되어 가는 현상에 경종을 울렸다. 언어의 풍부함과 인간성 같은 것들을 수치화하거나 정량적으로 계산하려는 행위의 양날의 칼과도 같은 면을 간파했다.

그의 강연에 참가한 어떤 청중은 "데이터를 뛰어넘은 곳에 철학적 물음이 있다. 그리고 철학적 물음은 앞으로 펼쳐질 시대에 더 중요해질 것이다."라고 말하며 철학자의 관점과 통찰력에 큰 흥미를 표했다.

빌 밀러

◆

미국의 전설적 투자가 빌 밀러Bill Miller가 대학원에서 철학을 연구한 사실도 업계에는 널리 알려져 있다. 철학을 배운 뒤 비즈니스 업계에서 크게 성공한 인물이기 때문이다.

원래 그는 철학 전공자가 아니었는데, 베트남 전쟁 종군 시 갖가지 철학책을 읽은 것을 계기로 굳게 결심하여 철학 연구의 길을 걸었다는 색다른 이력의 소유자다.

"철학 연구를 통해 터득한 분석 능력과 마음가짐이 내 비즈니스 성공의 비결이다."라고 그는 말한다. 같은 이유로 그가 모교 철학과에 약 800억 원에 달하는 기부금을 낸 일이 알려져 비즈니스 업계에도 충격을 주었다. 이처럼 철학이 비즈니스에서도 유용하다는 점이 서서히 알려지고 있다.

철학 컨설팅

◆

그렇다고 해도 이렇게 선진적인 사례는 아직 극히 일부에 불과하다. 한 기업이 '풀타임으로 철학자를 고용하는 것'의 장벽은 여전히 높은 것이 현실이다. 아직은 철학 컨설턴트에게 외주 형식으로 일을 맡기는 방식이 일반적이다.

철학 컨설턴트는 클라이언트가 새로운 관점과 인사이트를 얻을 수 있도록 참신하고 비판적인 질문을 던지는 전문가다.

그들은 질문을 무기로 삼아 기업 이념 구축과 사원들의 동기 부여, 조직 내의 다양한 분쟁 해결, 조직 관리와 운영 등 다양한 문제에 파고든다.

철학 실천 전문가인 뉴욕시립대학의 루 매리노프Lou Marinoff 교수(미국 철학 실천 학회장이자 이제까지 400명이 넘는 철학 실천 전문가를 육성)는 "철학자가 비즈니스에서 하는 것들 대부분은 성찰할 공간을 만들어내는 일이다."라고 했다.

그의 말에 따르면 철학은 진정함을 추구하기 때문에 현상 유지보다도 오히려 변화에 중점을 둔다. 그렇기에 특정 목적 달성에 얽매이기 쉬운 조직에 신선하고 예상치 못한 관점을 보여줄 수 있다는 것이다.

철학 컨설팅의 종류

◆

매리노프에 따르면 철학 컨설팅은 다음과 같은 종류로 나뉜다.

• 기업 이념, 경영 이념 구축

• 윤리 규정 수립과 실행
• 컴플라이언스 달성
• 동기 부여 인터뷰
• 조직 내 분쟁 해결
• 연수 차원의 철학 대화 실시
• 리더십, 조직 운영 기술 전달

더 알기 쉽게 말하자면, 크게 나누어 네 가지로 분류할 수 있다. 우선은 가장 알기 쉽고 고전적인 것부터 설명하겠다.

① 윤리 규정이나 컴플라이언스 수립

기업에는 회사 사업이 윤리적 · 법적으로 문제가 없는지 검토하고 그 방침을 정할 책임이 있다. 철학자들은 예전부터 이 방면으로 활약해 왔다. 기업 측에서 상담을 요구하면 윤리학 전문 지식을 토대로 한 조언을 줄 수 있기 때문이다.

현대 사회에는 직종의 다양화와 IT 기술 발달에 따라 여러 비즈니스가 생겨났다. 한편 인권 의식의 성장과 기업의 윤리적 책임도 급속도로 강화되고 있는 것 또한 사실이다.

이러한 가운데 윤리적 · 법적 책임을 확고히 하는 일은 기업 입장에서 사활을 걸 만한 문제라 할 만하다. 자유롭고 공정한 거래, 정경 유착과 뇌물 수수 방지, 아동 노동과 차별 방지, 갑질 · 폭력 철폐, 정보의 적절한 관리 등, 예를 들자면 한도 끝도 없다.

이러한 윤리 규정을 하나로 모아 정리하는 일이 얼마나 중요한지는 말할 필요도 없다.

그러나 사실 이 책에서 더 적극적으로 알리고 싶은 것은 나머지 세 가지다.

세계 유수의 기업들은 이제 단순히 윤리적 책임과 법령을 준수하기만 하면 되는 소극적 범위에서 움직이지 않는다. '그 이상'에 해당하는 부분, 즉 적극적인 '이념' 부분에서 승부를 보아야 하기 때문이다.

② 기업의 미션, 이념 구축

철학 컨설팅은 윤리 규정과 컴플라이언스 수립과 같은 윤리적 규정뿐만 아니라 기업의 미션과 이념을 구축하고 학문적 근거를 내세우는 일도 한다. 해당 기업이 사업을 통해 무엇을 목표로 하는지 함께 생각하고, 깊이 있는 의견을 나눔으로써 그것을 언어화하고 재구성하는 것이다.

필요하다면 기업 측에 기본 방침과 이념 변경을 요구하기도 한다. 그러는 과정에서 철학 연구자가 축적해 온 치밀한 연구 성과를 바탕으로 경영 이념의 토대를 마련하고 학문적 밑바탕을 다질 수 있다. 철학 전문 지식과 방법론을 통해 이른바 '사장의 철학', '경영자의 철학' 같은 것도 더욱 정밀하고 설득력 있게 수준을 높일 수 있는 셈이다.

철학적인 지혜를 더함으로써 기업 이념은 보다 세련되고 보편적인 것으로 심화된다. 옛 철학자들이 쌓아온 사상은 수백 년, 수천 년의 세월을 넘어 여러 번 되새겨 평가된 '조용하지만 강한 힘'이기 때문이다. 현대를 살아가는 우리의 삶과 이념을 설명하고 보강할 때에도 철학은 크게 한몫한다.

이때 철학자는 사업의 목적과 핵심이 되는 이념을 클라이언트에게서 이끌어내고 더욱 정교하게 만드는 일을 한다. 나아가 그것을 비판적이고 창조적으로 구축하여 언어화하기까지 한다.

③ 사원 연수 차원의 철학 대화

연수로서의 철학 대화는 실로 다양한 목적으로 이루어

진다. 콘셉트 정립, 마케팅 리서치, 아이디어 워크숍, 팀 빌딩, 모티베이션 향상, 커뮤니케이션과 인간관계 개선, 의사결정, 합의점 모색, 비판적 사고력 양성 등이다. 철학 대화를 활용한 연수와 개인 코칭은 철학 컨설팅에서 가장 보편적인 활동이라 할 수 있다.

클라이언트는 "안건에 대해 기계적으로 진행되는 회의에서는 속속들이 알지 못했던 개개인의 규범과 가치관을 접할 수 있었다.", "동료의 의견과 생각에 전보다 주의를 기울이게 되었다." 등의 반응을 보였다. 조직 내 커뮤니케이션 개선과 상호 이해 유도가 가장 큰 성과다.

또한 브레인스토밍의 일환으로 비판적 사고를 익히기 위한 연수를 사원 대상으로 진행하면, 철학 사고를 직장 내에 자연스럽게 도입하는 것도 가능하다.

④ 철학 전문 지식에 관한 강연과 조사

이 유형의 철학 컨설팅은 해당 기업의 사업과 이념, 목적에 부합하도록 맞춤형 철학적 지식을 제공한다.

예를 들어 매니지먼트나 리더십에 대한 철학적 지견을 제공함으로써 기업은 조직 운영의 개선을 꾀할 수 있다. 철학 컨설턴트가 클라이언트의 희망이나 요청을 진지하게 듣고 의미를 풀어주면서, 필요한 철학적 전문 지식과 이론을 정리해 준다.

그리고 적은 인원을 대상으로 강의를 하거나 보고서 형식으로 만들거나, 연수의 일환으로 강연을 실시하는 등 다양한 방법으로 이루어진다. 혹은 기업의 사업이나 마케팅에 도움이 될 만한 철학적 지견을 제공하기 위해 강연을 한다. 앞서 말한 철학 대화 연수와 함께 세트로 구성한다는 선택지도 있다.

이렇게 하면 단순한 지식 전달에 그치지 않고 사원들이 강연 내용을 토대로 자신의 업무나 경험을 돌아보면서 생각할 기회를 마련할 수 있다. 이 형식도 비교적 널리 쓰이는 철학 컨설팅 방법 중 하나다.

개인을 대상으로 하는 철학 컨설팅

◆

기업을 대상으로 하는 철학 컨설팅 외에도 서양에서는 개인적인 철학 컨설팅(철학 카운슬링과 비슷한 면이 있다)이라는 트렌드의 조짐도 보이고 있다. 일례로 미국 철학자 알렉스 태가트Alex Taggart는 클라이언트에게 그들이 가진 신념을 신중하게 돌아보도록 유도하는 일을 한다.

심리 카운슬러는 때때로 치료법 같은 접근 방식을 취한다. 한편 철학 컨설팅은 이성과 논리로 인생의 다양한 생각들을 파헤치고, 그것을 타파하거나 재구축하는 방법을 제안한다.

태가트는 '철학하는 삶'을 클라이언트에게 권한다.

철학하는 삶은 "본질적으로 어려움이 따르는 일이며 여러 차례 거듭될수록 복잡해진다. 하지만 그렇게 함으로써 우리가 사는 세상에 대해 명확하게, 그리고 끈기 있게 생각하도록 돕는 것이 내 책임이다."라고 그는 말한다.

이렇게 넓은 의미에서 철학 컨설팅을 하는 태가트의 클라이언트 중에는, 자신의 커리어를 완전히 바꾼 사람은 물론이거니와 성 정체성이 바뀌었다는 사람까지 나왔다.

한 클라이언트는 태가트의 여러 가지 철학적 질문들이 처음에는 너무 불편하게 느껴졌다고 돌이켜 말한다. 한편으로는 '자기 자신을 계속 속여 온 수많은 위선과 제대로 마주하게 되는, 무엇과도 바꿀 수 없는 경험'이 되었다고 한다.

태가트는 이러한 질문 습관을 '세상의 문제화'라 불렀다. 세상의 문제화란, 예를 들어 '우리가 어떻게 해야 더 성공할 수 있을까?'라는 질문이 아니라, '애초에 왜 꼭 성공을 해야 하는가?', '성공이란 무엇인가?'라고 묻는 것이다.

철학은 어떤 것이든지 암묵적 전제를 인정하지 않는다. 세상의 문제화는 자기 생각에 감춰진 전제와 고집스러운 편견을 벗겨내는 일이다.

목적 달성만을 위해 해결책을 찾는 것이 아니라, 보다 근원에 가까운 물음을 거듭하는 것. 그러면 생활 속 모든 것들이 질문으로 넘쳐난다는 사실을 깨닫게 된다. 무턱대고 고민거리를 늘리기만 하는 것이 아니다. 반대로 새로운 아이디어와 발상의 전환점을 발견할 기회이기 때문이다.

질문을 근원적인 부분으로 돌아가 살펴본 뒤에는 '어떻게 하면 우리가 더욱 성공할 수 있을까?'라는 질문도 다른 의미로 다가온다. 아예 그 질문 자체가 사라질지도 모른다. 혹은 성공이라는 단어의 뜻이 자기 안에서 180도 뒤집어진다면, 답은 생각지도 못한 곳에 다다를지도 모른다.

철학 컨설팅을 받고 나자 태가트의 한 클라이언트는 과감히 은퇴를 결정하고 아버지로서의 역할을 최우선으로 두면서 새로운 일을 찾아 시작하기로 마음먹었다고 한다.

그는 태가트와의 대담을 통해 "내 삶의 군더더기를 다 잘라내고, 진정한 의미에서 지금 내 앞에 일어나고 있는 것들에 시선을 집중할 수 있었다."고 반추한다. 이처럼 철학 컨설팅의 힘은 이제 비즈니스라는 틀에 머물지 않고 개인의 인생 자체에 영향을 끼칠 만큼 커다란 의미를 지니게 되었다.

개인이 자기 삶을 다시 바라보게 된다면 당연히 그 개인이 속한 조직에게도 큰 메리트가 있다고 볼 수 있다. 개인이 무엇을 원하는지 명확히 함으로써 조직 개선에 도움이 되고, 업무의 의미가 재평가됨에 따라 인재가 안정적으로 자리 잡으며, 개인의 숨겨진 면이나 재능이 겉으로 드러나 적재적소에 인재를 배치할 수 있으니 말이다.

조직 입장에서도 철학 컨설팅을 통해 구성원 개인을 대하면서 얻게 되는 장점이 수도 없이 많은 셈이다.

철학을 삶 속에 받아들이고 실천하는 것. 그러면 자연히 이러한 성과가 따라오기 마련이다. 만약 반대로 그렇지 않은 컨설팅이 있다면 의심해 보아야 한다.

6장 정리

- 교육과 비즈니스 현장에서 철학 사고가 쓰이기 시작했다.
- 서양에서는 철학자가 회사에 고용되는 케이스도 있다.
- 철학 컨설팅에서는 주로 다음의 네 가지를 일을 한다.

  ① 윤리 규정이나 컴플라이언스 수립

  ② 기업의 미션, 이념 구축

  ③ 사원 연수 차원의 철학 대화

  ④ 철학 전문 지식에 관한 강연과 조사

맺음말

“어쩌다 철학에 관심을 가지게 됐나요?”

철학에 관한 연구나 일을 하다 보면 십중팔구 이 질문을 받는다. 이 질문에는 ‘생사의 갈림길을 헤매다가’라든가, ‘존경하는 스승님을 만나서’처럼 ‘인생의 전환점’ 같은 답변이 돌아오기를 바라는 기대가 담겨 있을지도 모른다. 철학에 흥미가 있다니 틀림없이 특별한 계기가 있으리라고 생각하는 사람들도 종종 있기 때문이다.

그래서 나는 “가깝게 지내던 사람이 세상을 떠난 뒤부터였습니다.” 같은 진지한 이유부터 “철학 전공이라고 하면 멋있어 보이잖아.” 같은 시시껄렁한 대답까지 다양한 방식으로 답을 해왔다. 모두 다 거짓말은 아니지만 사실 정확하게는 '단순히 관심이 생겨서'였다.

진심을 말하면 상대방이 말도 안 된다는 표정을 짓지 않을까 하고 경계하는 마음도 있었다. "철학은 배워봤자 쓸모없어.", "취직에 도움이 안 돼.", "관심 좀 있다고 해서 배울 것까지는 없지."라는 학교 선생님과 어른들의 잔소리가 일상다반사였기 때문이다.

그럼에도 철학과 만날 기회는 아무리 사소한 곳에라도 누구에게나 열려 있다. 여러 사람들이 철학과의 귀중한 만남을 놓치지 않도록 내가 도울 수 있는 일이 있다면 전력을 다해야겠다고 오래 생각해 왔다. 철학이라는 단어를 처음 접한 것은 중학생 때였지만, 철학의 존재 자체는 줄곧 내 안에 있었기 때문이다. 책을 읽고 철학이라는 단어를 처음 알았을 때 '이건 내가 전부터 생각해 왔던 거잖아?' 하며 놀랐던 기억이 난다.

나는 우연히 관심이 이어져 철학의 길을 걷게 되었다. 질문을 차단하는 문화가 뿌리 깊은 데다 철학이라면 따분하다는 부정적인 이미지가 있지만, 그럼에도 철학을 해보고 싶다는 욕구를 가슴에 품고 사는 사람들이 생각보다 많지 않을까? 아예 그 마음 자체를 자각하지 못한 사람도 분명 있을 것이다.

많은 사람들이 어떻게든 철학을 더 일상적으로 느껴주었으면 좋겠다. 더 가깝게 계속해서 철학을 했으면 좋겠다. '그냥 왠지 끌려서'라는 호기심을 절대 잃지 말았으면 좋겠다. 그렇게 절실히 생각하면서도 어찌할 방도를 몰라 긴 세월 고민만 해왔다.

그러다가 철학 실천 활동에 참여하기 시작하면서 조금씩 내 심경에 변화가 찾아왔다.

일상 속에서 철학을 활용할 수 있다는 데에 확신이 깊어졌다. 또한 철학에 왠지 관심이 간다는 사람들이 우리 사회에, 특히 비즈니스나 교육 현장에 상당수 존재한다는 사실도 알게 되었다. 이 두 가지가 큰 계기였다. 이 두 가지를 조합한다면 반드시 일본에서도 철학 실천이 널리 퍼지리라고 믿었다.

참 다양한 일들을 시도했다. 기업과 학교에서 철학 대화나 철학 컨설팅은 물론이고, 스포츠 지도사를 위한 철학 대화, 이직을 위한 철학 대화, 교원 대상 철학 대화 연수, 근로 지원을 위한 철학 대화, 개인 대상 철학 카운슬링, 지방 살리기와 커뮤니티 형성을 위한 철학 대화 등 말이다.

철학의 장점은 세상 어느 것에나 조합할 수 있다는 점이다. 철학 사고의 핵심만 남겨놓는다면 나머지는 어떤 일에든 응용할 수 있다.

또한 철학에는 사람과 사회를 변화시키는 힘이 있다.

철학을 머릿속에서만 끝내지 말고 꼭 실제로 써먹어 보자. 물론 철학을 어디에 쓸지 생각하는 것은 우리들 몫이다. 이 책에서는 굳이 따지자면 일상생활이나 내 삶과 직접 연관된 것들을 철학 사고의 예시로 들었다. 그러나 당연히 조금 더 스케일을 키워서 생각해 볼 수도 있다.

젠더 불평등, 갑질, 폭력, 인종 차별, 혐오 발언, 인권 침해, 헌법 위배, 정치 부패 등 수많은 문제가 사회 곳곳에 있다. 구태의연한 가치관에 가차 없이 파고드는 것, 틀린 것을 보고 틀렸다고 당당하게 말하는 것, 민주적으로 생각하고 결정하는 것, 이러한 데에도 철학 사고와 철학 대화는 얼마든지 적극적으로 사용될 수 있다.

철학을 쓰는 일은 개인의 마음뿐만 아니라 행동 하나하나까지도 바꾸는 힘이 있다.

이 책을 쓰기까지 도움을 준 사람들이 너무 많아서 한 사람 한 사람 이름을 언급하기란 불가능에 가까울 정도다. 하지만 누구보다 나를 지지해 준 부모님께 우선 고마움을 표하고 싶다.

내가 철학을 공부할 심적 여유와 안정감을 만들어 주고, 깊은 생각을 할 수 있도록 풍부한 기회를 주신 것, 그리고 철학의 길로 나아간 나를 보고 누구보다 기뻐해 주신 것. 이런 지원 덕분에 지금의 내가 있다. 어느 것 하나라도 빠졌더라면 내가 지금 이렇게 철학과 철학 실천에 관한 일을 하지 못했을 것이다. 고마운 마음을 지금 이렇게 사회에 환원하는 것으로 대신 보답하고자 한다.

철학적 지식이 아니라 '철학 사고'에 대한 원고를 제안받고 처음에는 잠시 망설인 것도 사실이다. 철학적으로 생각하는 것 자체가 큰 철학적 문제다. 많은 사람들에게 그것을 알려주는 책을 쓴다는 한없이 어려운 문제에 덜컥 겁부터 났기 때문이다. 그러나 철학 사고와 철학 대화에 대한 편집자의 애정을 느꼈고, 그 열정과 예리한 구성력 덕분에 아주 멋진 책이 세상에 나왔다. 무엇보다 '편집자야말로 철학자구나' 하는 감탄이 마음에서 우러나왔다.

끝으로, 이제까지 이 책을 읽어준 독자들에게 진심으로 감사를 표한다. 이 책이 철학이라는 단어를 듣고 관심이 생긴 사람들, 철학의 매력이 무엇인지 모르던 사람들, 그리고 철학이라는 단어 자체를 아직 모르던 과거의 나 같은 사람들에게도 폭넓게 전해질 수 있기를 바란다.

호리코시 요스케

참고 문헌

- Lipman, M.(2003), 『Thinking in Education』(second ed.), Cambridge University Press
- Lipman, M., Sharp, Ann, M. & Oscanyan, Frederick, S.(1980), 『Philosophy in the Classroom』(second ed.), Temple University Press
- Cam, P.(1995), 『Thinking Together: Philosophical Inquiry for the Classroom』, Hale & Iremonger and Primary English Teaching Association
- Dewey, J(1910), 「How We Think」(First Edition), in 『The Middle Works 1899-1924 vol.6』, edited by Jo Ann Boydston, Carbondale and Edwardsville: Sothern Illinois University Press, 1978년
- Dewey, J(1933), 「How We Think」(Revised Edition), in 『The Later Works 1925-1953 vol.8』, edited by Jo Ann Boydston, Carbondale and Edwardsville: Sothern Illinois University Press, 1986년
- Dewey, J.(1938), 「Logic: The Theory of Inquiry」, in 『The Later Works 1925-1953 vol.12』, edited by Jo Ann Boydston, Carbondale and Edwardsville: Sothern Illinois University

Press, 1991년

- 와시다 기요카즈 감수 · 카페필로 편집, 『철학 카페 만드는 법』, 오사카대학출판회, 2014년
- 가지타니 신지, 『생각한다는 것은 무엇인가: 0세부터 100세까지의 철학 입문』, 겐토샤, 2018년
- Jackson, T.(2004)「Philosophy for children Hawaiian style」『Thinking: The Journal of Philosophy for Children 17(1&2)』, pp.3-8.
- Jackson, T.(2013), 「Philosophical rules of engagement」 in S. Goering, N. Shudak & T. Wartenberg(Eds.)『Philosophy in schools: An introduction for philosophers and teachers』, New York: Routledge, pp.99-109.
- Golding, C,(2016), 「What Is Philosophical about Philosophy for Children」 in 『The Routledge International Handbook of Philosophy for Children』, pp.65-73.
- Marinoff, L(2011), 『Philosophical Practice』, Academic Press.

신문 기사 등

- 일간현대 「대화를 통해 깊이 생각하는 '철학 카페'가 조용한 붐」, 2019년 6월 21일
- 일본경제신문 「기적의 고등학교」연재 제5회, 2019년 5월 13일~17일
- The Daily Northwestern, 「Google's in-house philosopher talks technology」, 2013년 4월 30일
- QUALTZ 「Apple employs an in-house philosopher but won't let him talk to the press」, 2019년 4월 22일

- QUALTZ 「Silicon Valley executives are hiring philosophers to teach them to question everything」, 2017년 4월 18일
- Forbes 「Why Your Board Needs A Chief Philosophy Officer」, 2018년 3월 9일
- The Guardian 「I work therefore I am: why businesses are hiring philosophers」, 2018년 3월 29일
- New York Times 「A Wall Street Giant Makes a $75 Million Bet on Academic Philosophy」, 2018년 2월 16일

철학의 쓸모

1판 1쇄 인쇄 2021년 10월 5일
1판 1쇄 발행 2021년 10월 15일

지은이 호리코시 요스케
옮긴이 이혜윤

발행인 양원석 **책임편집** 차선화
디자인 신자용, 김미선 **영업마케팅** 양정길, 강효경, 김보미

펴낸 곳 ㈜알에이치코리아
주소 서울시 금천구 가산디지털2로 53, 20층(가산동, 한라시그마밸리)
편집문의 02-6443-8861 **도서문의** 02-6443-8800
홈페이지 http://rhk.co.kr
등록 2004년 1월 15일 제2-3726호

ISBN 978-89-255-7932-0 (03100)